改訂新装版

唯物論哲学入門

森 信成

山本晴義 解説

青木雄二 心に残る一冊

新泉社

目　次

装幀　北田雄一郎

＊　本書は、著者急逝（一九七一年七月）の直前、同年五月から六月にかけて「大阪労働講座」で四回に分けておこなわれた講演のテープを文章化、編集したものとして、一九七二年に初版が刊行されました。それ以来、多年にわたって版を重ねてきましたが、二〇〇四年の改訂新版の刊行にあたり、時代状況の変化などを鑑み、必要最小限の範囲で一部の字句や表現に新たに修正を施しました。

新泉社編集部

第一講

思想的混乱の源泉

唯物論と観念論というのが哲学史上を通じての哲学の二つの対立した潮流です。この点については恐らく皆さんも知っていると思います。しかし、中国とか一般にアジアの諸国はそうですが、日本でも専制主義が非常に強かったので、とくに科学的な思想であるとか、科学的なものの考え方とかが非常に遅れており、非合理主義が非常に強いのが特徴です。そのために無神論と唯物論が非常に弱く、逆に、唯物論というものに対する偏見がとくに強いのが特徴です。それで、唯物論というものがどういうものであるか、それからまた観念論というものがどういうものであるかということについて、やはり一般的に説明しておく必要があると思うわけです。唯物論に対する偏見などは日本だけかと思っていたわけですが、戦後だけをみても、たんに日本だけではなくて、国際的にも唯物論と観念論についての誤解というものは非常にひどいものであり、このようなことが現在の非常に大きな思想的混乱の源泉になっているといえると思います。

唯物論の基本的な点については、エンゲルスとかレーニンというような人がすでに説明しています。しかし、従来、その内容が充分に理解されてきませんでした。ところが哲学の根本問題というようなところで理解の不充分さが出てくると、あらゆる面についてのひどい混乱が起こるわけです。それで、まずエンゲルスのテキスト（『フォイエルバッハ論』松村一人訳、岩波文庫）をみながら、それに従って説明していこうと思います。

一　観念論の歴史的起源――アニミズム

皆さんも承知と思いますが、エンゲルスは観念論と唯物論の説明を、観念論というものがどうして発生したのかという観念論の歴史的起源から始めています。哲学の歴史は、唯物論と観念論の闘争という形をとっていますが、いままでのところでは、観念論の圧倒的優位のもとに進行してきました。それで、唯物論だけではなく、観念論の歴史的な起源というものがどういうものか、どうしてそれが発生してきたのか、しかもどうしてそんなに強い力を持っているのかといったことを、歴史的に概観していくことがやはり必要なわけです。

エンゲルスの説明

エンゲルスの説明を少し読んで、それから説明を加えたいと思います。

「すべての哲学の、とくに近世の哲学の大きな根本問題は、思考と存在との関係の問題である。非常に古い時代から――そのころ人々はまだ自分自身の身体の構造についてまったく無知だったので、夢のなかにあらわれる人の姿に示唆されて、かれらの思考や感覚はかれらの肉体の働きではなくて、この肉体のうちに住んでいて、人が死ぬときその肉体から去っていく、特殊な魂というものの働きであると考えるようになったのであるが――このような時代から人々は、この魂と外部の世界との関係について頭をなやまさざるをえなかった。もし魂が人が死ぬとき肉体からはなれて生きつづけるとすれば、魂にその上なお特別な死を考えだす理由はなかった。このようにして魂の不死という観念が生まれたのであるが、このことは、人類の発展のこの段階では、人々には慰めとは思われず、さからいがたい運命と思われ、ギリシャ人においてみられるように、しばしば積極的な不幸と思われていた」(『フォイエルバッハ論』二八～二九ページ)。

エンゲルスはこのように書き始めています。

観念論の起源＝アニミズム

観念論の起源は、原始人の世界観を支配していたアニミズムに求めることができます。(アニミズムは、万物がすべて霊魂にみちみちているというので物活論と訳されています。)そして、アニミズムは、エンゲルスがここで書いているように、霊魂の不死という、霊魂を特別なものと考えたところに、その源泉を持っています。

原始人は、人間というものはかならず死ぬものだということを知らなかったのです。われわれであれば、病院に行けば毎日人が死んでおり、阿倍野斎場（大阪の有名な葬儀場）へ行けばいくらでも葬式があり、人間というものはかならず死ぬものであることは誰も疑いません。しかし、原始人の場合は、かならず死ぬという観念がないのです。だから、眠っていることや気絶することと、死ぬこととの区別がついていません。なぜこのようになるかといえば、その理由としては次のようなことがいえます。大阪であれば、だいたい三〇〇〜四〇〇万もの人が集まって生活していますが、原始の生活というのは、だいたい四〇〜五〇人がいわば群をなしているようなものであり、そこでは死ぬということがそう起こりません。それから、自然老衰して死んでいくという死に方が非常に少なく、たいてい病気をしたり、けがをしたりして死んでいきます。さらには、生存年数も漠然としています。このようないろいろな理由から、人間というものはかならず死ななければならないということを知らなかったのです。そのため、眠って夢をみたり、気絶したりすることと、死ぬこととの区別がつかず、夢の中でいろいろな人間に会ったり、あるいは、あちこち遊びに行ったりするのは、霊魂のせいであると考えたのです。このような霊魂の考え方の成立が宗教（観念論）の一般的な起源です。すなわち、われわれが目覚めていて、動いている時は、霊魂はわれわれの体内にいる。しかし、眠っていて、じっとしている時は霊魂はあちこちと遊びに行くというように考えたのです。そこで、われわれが身体を元気に動かしたり、活発に行動するのは霊魂のせいであるというように考えていき、そこから霊魂に対する信仰が生じたわけです。インドとか日本にも、いまでも田舎に行くと残っていると思いますが、寝ている人間を急に起こしてはいけないといわれています。それは、遠いところへ霊魂が遊びに行っている時、急に起こされては帰れないことがあるからということが理由になっています。そのほか、寝ている人間の顔にヒゲを書いたりしてはいけないといわれています。これは霊魂が帰る時に、見まちがえて帰れなくなるからといわれています。諸君は笑っているけれども、こういうことは原始人の場合には非常に真剣に考えられていたのであって、これらは霊魂と身体の関係を説明する一つの仮説だったのです。このようにして霊魂の仮説が発生したのです。

自然と人間の無差別

それから、原始人の場合のもう一つの考え方の特徴は、われわれのように、自然と人間との間にはっきりした区別をおいていないということです。自然と人間との間の区別をはっきりするためには、人間に固有な（これは難しい言葉ですが）自己意識というものがはっきりしていなければなりません。これがはっきりしていないため、原始人は自然と自分とはまったく同じものだと考えています。したがって、霊魂によって人間が活発に動くということになると、今度は、この考え方を自然にそのまま移していきます。そして、いろいろな自然の現象というものは、自然にそなわっている霊魂の作用であると考えるわけです。したがって、山には山の神があり、川には川の神があり、木には木の妖精があり、風には風の妖精があるというように、すべては霊魂にみちみちているというように考えられるわけです。しかも、これら霊魂は人間と同じように生活しているわけです。たとえば、山の神には、ちゃんと夫婦がいて、子供もいて、そして恋愛もしています。これは、古い時代の物語をみればわかります。川の神であれば、川の神もちゃんと夫婦生活をして、ちゃんと子供もあるわけです。風には風の子がいるし、雷もまたへそをとりにくるものとして日本では知られています。このように原始人は自然は霊魂にみちみちているというように考えていました。

霊魂の座

しかもこの場合、もう一つの特徴は、霊魂がわれわれの脳の中に存在するというようには考えられていないということです。原始人は、霊魂は、たとえば、息の中とか、あるいは血液の中にあるというように考えます。それはどうしてかといえば、死ぬ時に、だんだん血液が身体から出て行き、吐く息とともに息が止まっていくから、それとともに霊魂が出て行くのであろうと考えられたからです。死とともに血が流れ出て行くから、霊魂が血の中に入っており、しかも霊魂はなにか物質的なものと考えられているのです。このように霊魂が肺とか血液の中に入っていると考えられています。この点は観念論の発生を知るうえで、一つの重要な点を示しており、観念論の発生の心理的な源泉として問題になる点です。というのは、われわれの体の動きというようなものは、客観的に意識することができます。その他、胃袋の動き、腸の状態とか、腹がごろごろ鳴っているとか、腹が減っているといった胃の状態でも意識的に客観化できます。筋肉の動きなども感じることができます。しかし、脳の作用というものは意識することはできません。すなわち、胃袋の状態などは、今日は腹の状態が悪いとか、今日は心臓の調子が少しおかしいとかというふうにわかるけれども、われわれが物事を考えている最中に、われわれの意識の背後にあって働いている脳の作用だけはどうしても意識することができません。そのために、原始人は、霊魂を空気や心臓とか血液のうちに存在すると考えたわけです。

意識と脳の関係

観念論者は意識から出発し、意識を絶対的な主観的な特性とみなしますが、このように考える源泉は、いま述べたように、脳の作用そのものをわれわれは意識することができず、この作用に対してどのような物質的なものも感じることができないというところからきているのです。これは非常に重要な点です。

たとえば、デカルトという哲学者は、あらゆるものを疑っていった結果、あらゆるものを疑っているこの自分の存在、すなわち自分の意識作用だけは疑うことはできないとしました。彼は物質的な存在も疑いうるし、感覚的存在というものは不確かだし、すべてのものは疑いうるが、意識作用そのものだけは疑うことはできない、したがって、この作用だけは絶対的であると考えました。しかし、あらゆるものを否定しているその時でも、意識の背後に働いている脳の作用というものは否定することはできません。デカルトはこの脳の作用をまったく考慮に入れていないわけです。どんな場合でも、人間は脳なしに思考したことはかつてなかったのですが、しかし、脳の作用を意識しえないことから、これから述べるように、思考というものが絶対的であるという考えが生まれてきたといえます。

死後の生活

原始人にとっては、宇宙は霊魂にみちみちており、しかもこの霊魂は肉体を離れても存在しうるものだから、したがって死ぬということがありません。だから原始人にとっては魂の不死ということは自明なことなのです。魂の不死というのをどのように考えているのかというと、魂は死んだ場合にも、生きている時と同じ状態で、しかし眼にみえない形で、現実に生きて存在しているのだと考えています。したがって、死んだ人間も、生きている時と同じように飯を食べるし、恋愛もするわけです。それに、霊魂はあらゆるものを動かす源泉ですから、いろいろなものを欲しがるわけです。現在であれば、われわれがお盆の日などに仏さんにいろんなものを供えたり、饅頭を置いたりするのは、まったく形式的なことと考えています。しかし、昔の人々は、当然、死んだ人が実際に食べていると考えていました。したがって、酒は地面に浸透していくから、墓の下ではそれを飲んでいると考え、米などは穴を掘って入れておくわけです。

霊魂への恐れ

しかも、現在では、人間の魂が不死であるというと非常にうらやましがる人がいますが、原始人は魂がいつまでも死なないので、実は往生していたのです。実際のところ、死なないと、魂のご気嫌をとらなければなりません。ご気嫌をとらないと、かならずその人に対していろいろな災いがくだるわけです。したがって霊魂というのは非常に困った存在だと考えられていたわけです。そしてまた、霊魂は以前に住んでいたところや持っていたものに非常に執着を持ったため、その魂を動かすために、その死んだ人間の持っていたものを持っていれば、魂を操作できると考えたりしました。この操作によっていろいろな奇蹟が得られるわけです。このようなところから魔術というものが発生しています。このように、宇宙が霊魂にみちみちており、したがって人間はいつまでも生きて、いつも家のまわりをうろうろして困らすと原始人は考えていたので、この霊魂には往生していたわけです。

アニミズムから世界宗教へ

そのうちに、霊魂を放置しておくのは非常に具合が悪いというので、死んだ人間には一定の場所を与えることとなります。たとえば、ギリシャの場合はオリンポスの山に行ってもらうわけです。しかし、このようにして自分の周囲から魂を追い払っても、やはりこれは永久に死ぬことはありません。このような霊魂の信仰が、やがて自然の神になり、種族の神になり、さらにいろいろな種族の神と結合して、民族の神になります。このように宗教は発展してきたわけです。観念論の源泉には、このようなことが根底にあるのだということをまず了解していただきたいと思います。

ですから、原始人がみな唯物論者であっただろうと思っていたらおおまちがいです。彼らは、言葉というものも非常に神秘的に考えているのです。名前というものが、特別な威力を持ち、お互いの間で名前を交換するのは、命を交換するのと同じくらい重要な意味を持つとされています。だから、バイブルで、「はじめにロゴスあり、ロゴスは神とともにあり、ロゴスは神なりき」(「ヨハネ伝」)といっているのを、古い時代の人々は当然のこととして受けとっているわけです。このように、観念論の源泉あるいはその根底には、非常に長い間にわたるアニミズムの伝統というものがあるのだということを、まずは了解していただきたいと思います。エンゲルスはこの点から考え始めているわけです。

占星術の意味

さらにもう一ついっておきたいことは、自然と人間との間に、はっきりした区別をつけるということは非常に難しいということです。人間が、この自然と人間とを区別されたものとして、自然を客観的な存在として知るようになったのは、今から二五〇〇年くらい昔のことです。それまでは、この宇宙と人間の生活というものは、分かち難いものとして考えられています。そのわかりやすい例が占星術です。ある国の運命は星のどのような運行と関連があるとか、私の運命はあの星の運行と関連があるとかというように、星占が、いたるところですべてを支配しているのです。このように、天体の運行すらも、人間の生活との関連においてのみ考えられているわけです。また、古代の詩が非常にわれわれに魅力があるのは、小川が流れているその流れや、山の起伏とかを、自分と同じ生きたものとして共感しているからです。だから自然を描いても、自然をうたっても、非常に生き生きと描いているのは、このような共感があったからです。この点が現在と非常にちがっています。今のように月に行って、石を取ってくるような時代では、月そのものも殺風景になってしまい、およそ詩的なものでなくなります。したがって、詩をつくるうえには現代は非常に殺風景で、具合が悪い状態になっているのではないかと思います。

魂の不死

エンゲルスが、観念論について、次に説明しているのは、死という概念についてです。

個人の不死と魂の不死ということは「人類の発展のこの段階では、人々には慰めとは思われず、さからいがたい運命と思われ、ギリシャ人においてみられるように、しばしば積極的な不幸と思われていた。一般に人々が個人の魂の不死という退屈な想像を持つようになったのは、宗教的な慰めの要求からではなく、同じく一般的な無知のために、一度認めた魂というものを、肉体の死後どう取り扱ったらいいか当惑した結果である」(『フォイエルバッハ論』二八〜二九ページ)。

実際に、肉体が死んだ後に、いつまでもいつまでも無限に生きているということは、非常に退屈なことなのです。無限に生きているというその無限というのはどのくらい長いのか、いつまでも終わりがないのですから、気の遠くなるようなものです。原始人の場合は、それでも恋愛したりしていたからまだいいですが、現在の人々であれば、おそらく肉体の不死というようなことは考えていないと思います。この場合は、魂の不死だけになります。つまり人間は魂だけになれば肉体がないわけですから、飯も食わないし、恋愛もしないということになります。このような状態で未来永劫、永遠に生きているということが、どのくらい退屈なものであるかということは考えてみる必要があります。この場合は、緊張などということはなくなるわけです。一億年後に勉強を始めようが、一兆年後に勉強を始めようが、一京年後に勉強を始めようが同じことです。ですから、永遠に生きたいと思う人は、勝手に生きられたらいいけれど、それはおそらくどのくらい退屈なものか、知っておく必要があると思います。この場合は、死のうと思っても、死ねないのです。エンゲルス自身が、「個人の魂の不死という退屈な想像を持つようになったのは、宗教的な慰めの要求からではなく、同じく一般的な無知のために、一度認めた魂というものを、肉体の死後どう取り扱ったらいいか当惑した結果である」といっているのは、当然だと思います。

唯物論と死の問題

ここで、現代では死の問題がよく出てきますので、唯物論が死というものをどのように考えているかを話してみようと思います。普通、「死んだら灰」というのは唯物論であると考えている人があります。しかし、これは唯物論とは全然ちがうものです。「死んだら灰」というのはニヒリストが考えることなんです。つまり「死んだら灰」とは、別な言葉でいえば、何もかも終わりだ、後に何も残らない、だからすべては虚無だということと同じ意味なのです。それゆえ、「死んだら灰」というのは、一切が虚無であるということと同じであって、このような考えは、ニヒリズムのものなのです。ニヒリズムの一番代表的なものは実存主義なのですから、「死んだら灰」というのは、まさに実存主義の主張であって、唯物論とは全然関係がないのです。また、プラグマティズムでは原則を一切承認しないということを基礎としていますが、これは、はっきりしたものはなにもないということです。したがって、プラグマティズムの場合もやはり生きていることの意義というのがはっきりしないため、「死んだら灰」ということになるのです。このように

「死んだら灰」というのは実存主義者とかプラグマティストの考え方であって、唯物論の考え方ではないということを誤解しないでほしいと思います。

死への恐怖

また、非常によくあるのですが、一般に「死の恐怖」というものが宗教をつくりだしたというように考えられています。しかし、全然そうではないということは、すでに述べたように原始における宗教のでき方からみてもわかります。また、実際にわれわれが「死の恐怖」と考えている内容をみてみますと、それは、死そのものを恐れているのではなく、安心して死ねないということです。それからもう一つは、現在では一般に自分とかあるいは親とかが、生活に責任を持っているのですが、このような責任のある人が死んだ場合どうなるのかという恐怖があります。しかも資本主義機構というものは、非常にドライな社会であって、他人のことを構いません。この場合は安心して死ねないわけです。また人間は、生きている状態の時でも、いつどんなことで破産するかわからない、いつどんなことで失業するかわからないという不安は避けられません。それでは、金があったら安心かというと、この場合には財産のことがいろいろ気になるのです。このように、現在の社会機構のもとにおいては、死に対する恐怖というものは本質的なものです。こうして不安が募って安心して死ねない、またいつ、どのような原因で悲惨が起こるかわからないという恐怖や心配が、神なくしてはおれないという気持ちを呼び起こすのです。この恐怖は、自然死そのものに対する恐怖とはちがいます。これはよく考えてみたらわかることです。なるほど若い人は死ぬということに、非常な恐怖を感じるだろうと思いますが、齢をとってみれば、死ぬということはそんなに恐怖と思わないのです。むしろ、あまり長く生きていては、かなわないという気持ちが勝っていると思うのです。これは齢をとってみればわかることなのですが。

死の積極的意味

さらにいいますと、死ぬということがあるから、われわれは生きている間、緊張するわけです。できるだけ生きている時を有益に過ごそうとする努力が生じるわけです。さきほどもいったように、一兆年後であろうが、またそれの一兆乗掛けた先であろうが、いつ勉強を始めても同じだというのであれば、全然緊張できません。ところが、われわれには死ということがあるから、その生活において緊張できるのだということが、基本的にいえるわけです。つまり、制限性というものがあるから、すなわち、仕事をしなければいけないと思う期間に限りがあるから、なんとかしてやろうという気になるのです。

死があるから、われわれは、生きている時の生活をできるだけ充実したものにしようとする努力が起こるのですが、もう一つ考えてみなければならないのは、個人的に長生きするということは価値があるのかどうかということです。昔、新聞記事でみたのですが、ある地方で、なにか特殊な飯を食べて、どこかへ行って自分がミイラになり、永久な生命を得ようと努力した者が、ミイラになって残っているというのです。このような人間に、少しでも偉大なものを感じるでしょうか。私は、少なくともこのようなことはばかばかしいと思うだけで、なんらそのような人に偉大さを感じるわけにはいかないし、価値があるものとも感じるわけにはいきません。

唯物論と不死の思想

そうではなくて、後に問題にしますが、人間の本質なり意義なりというのは個々の生命にあるのではなく、むしろ人類のうちにあるのです。われわれの人生の意義というのは、人類の幸福にわれわれがどの程度貢献するのかということにあるのです。実際に、人類のために貢献するということが起こるのは、個人として絶対に死ぬということがはっきりしている場合です。すなわち、われわれ自身、将来の、つまり自分の死んだ後のことを考えて生きている時に、道徳的に行為するということが起こるのです。だから、個人としての死滅をはっきりさせることが、自分自身をはっきりさせることなのです。そして、個人の生命の不死とは、唯物論の見地からいいますと、その人の行為そのものが、人々の追憶のうちに生き残って、その追憶のうちによみがえるということだといえると思います。

観念論の起源としての宗教

したがって、原始人の生活をみても、宗教の発生や発展をみても、死に対する恐怖が宗教の起源ではないことがわかります。そもそも、原始人には死というような観念がなく、魂は眼にみえない形であるけれども、とにかく肉体を持っていつまでも生きていくと考えられていました。そのため、彼らには死に対する恐怖はもちろんないわけです。ですから、宗教を生みだしたものは、この世をはかなむというようなことではありません。宗教は、身体と霊魂の関係とか、あるいは自然現象を説明する一つの「科学的な憶測」、仮説としてアニミズムの観念が生まれるところから発生してくるのです。そして、すでに述べましたように、今度は霊魂が自然に訴えると自然の神ができます。それがだんだん種族の神になり、家族の神になり、氏族の神になり、民族の神になります。こうして世界宗教としての一神教が発展してくるのです。これが観念論の源泉です。このように観念論と唯物論の対立の背後にあるものをまず第一に考えておく必要があるのです。

これらのことを、エンゲルスは初めの箇所でいっているのです。

「……すべての哲学の最高の問題は、すべての宗教と同じく、その根を人類の野蛮時代の無知蒙昧な観念のうちに持っている」(『フォイエルバッハ論』二九ページ)――つまり、観念論はアニミズムのうちにすべてその源泉を持っているのです。

哲学の始祖ターレス

自然と人間の関係について、自然を自然として客観的に人間から区別してみるというのは、非常に後の時代の観念であり、この観念に初めて到達したのは、二五〇〇〜二六〇〇年前であると前に簡単に述べました。ここで、このことの積極的な意味を説明しようと思います。人間が、自分やすべての運命を天体と結びつけて考える占星術や、あるいは、自然を人間的に解釈して川の神とか山の神を考えるのをやめて、自然というものを客観的にみて、そしてそれの客観的な法則を問題にするようにした最初の人は、ターレスという哲学者です。ギリシャの植民地のミレトスというところに出た哲学者で、彼は最初の哲学者といわれています。彼が最初の哲学者であるといわれる理由は、次の点にあるのです。ターレスは、宇宙の根源は水であるといいました。どのような理由からこのようにいったかの細かい点はわからないのですが、彼は、水は、液体でもあれば気体でもあり、固体でもある、あらゆるものはみな水分がその基礎にある、したがって宇宙の根源は水であり、その水のいろいろなあらわれ方が宇宙の変化にほかならない、というように説明しています。この説明の内容そのものは、諸君からみれば、非常に幼稚なものですから、たいしたことはないわけです。ここで非常に重要なことは、彼が、宇宙の根源が物質的な水であるとし、しかも、この宇宙を自然の法則にもとづけて説明しようとしたことです。つまり、それまでは、天地の変化や運動を説明するのに、すべて神話によって、それらが神の創造、または、神の作用によって起こったとか、あるいは、占星術のようなもので説明していました。これに対して、このターレスが初めて自然を自然として、自然から説明する態度をとったのです。これがわずか二五〇〇〜二六〇〇年前のことなのです。

客観的な存在というものを、あるいは、人間の意識をも含めてあらゆる存在を、科学的に説明するのが唯物論の見地であり、また科学の見地です。そうだとすれば、人間が最初に自然を科学的に、つまり唯物論的に説明するのが可能になったのが、二五〇〇〜二六〇〇年前であるということになります。これをみても、唯物論というのは、非常に難しいということが了解されると思います。ターレスは、アリストテレスによって最初の哲学者であるといわれ、世界的に哲学の始祖として承認されています。彼は、宇宙の神話的解釈であるとか、占星術的な説明ではなく、自然を自然としてそれ自身から説明しました。ここから哲学が発生したのです。

哲学の本質は唯物論にある

哲学は本来、科学的な、唯物論的な態度を本質とするということが、哲学の始祖をみると非常にはっきりわかるわけです。日本では、哲学といえば、何か宗教のように考えられ、宗教的なものが哲学の本質のように考えられています。しかし、このように考えられているのは、日本では本当の意味における哲学の源泉がわかっておらず、科学的見地が非常に弱いからです。しかし、哲学の発生したときに、哲学の本質ができたのです。何でも、ものの始まり﹅﹅﹅をみれば、そのものの本質が一番単純な、わかりやすい形で出ているものです。これが、一般的な始まりの特徴なのです。哲学は、その最初をみると、宗教的な、非合理的なものを退けたのです。だから、哲学の出発点をみると、科学的なもの、すなわち唯物論が哲学の本質であるということが非常にはっきりわかるわけです。この点をはっきり了解しておいてほしいと思います。

だから、原始人はみな唯物論者であり、観念論は高級なものであると考えている人が多いのですが、本当はその逆なわけです。無知蒙昧ということは非合理なことと同じなのです。長い間、人類は非合理的なもの、すなわち観念論の支配下にあったのです。わずか二五〇〇～二六〇〇年前にいたって唯物論というものがあらわれたのです。これが哲学の発生でもあるわけです。

二　近世哲学の歴史

唯物論か観念論かがなぜ近代になって特に重要となったか

宗教は、霊魂のアニミズムから出発して、最後には唯一神としてのキリスト教にまで到達します。（キリスト教の神の内容については後で説明します。）ヨーロッパの中世において、キリスト教が圧倒的な力を持っていたということは誰もが知っていることと思います。一般にこの中世、あるいは近世の初期には、神が圧倒的な力を持っていて、宗教以外の形でものを考えるということは不可能でした。というのは、宗教を生み出す源泉である社会的な圧迫というものが非常に強かっただけでなく、人間が自然に対しても非常に無力であったからです。この両方の圧力が強くおよんでいる古い時代——中世、古代、まして原始時代——においては、なおさら神や宗教以外の形でものを考えるということは不可能であったわけです。だから、その後宗教そのものを否定するような運動が、宗教改革という形でしかあらわれないわけです。それくらいに宗教というものの支配する力が圧倒的でした。

中世においては、神の支配が絶対的であり、それで人間はこの神のうちに絶対的な実在と真理の基準を持っていました。すなわち、この神にもとづいて、自分自身に対して非常に確信のある生活を持っていたわけです。ところがエンゲルスの文章に従っていいますと、「しかしこの（唯物論か観念論かの）問題が充分に明確な形で提起され、その充分な意義を獲得しうるようになったのは、ヨーロッパ人がキリスト教的中世のながい冬眠からめざめて以後であった」（『フォイエルバッハ論』二九ページ）のです。中世というのは、だいたい暗黒時代だったといわれており、一〇〇〇年ほど続いているのです。長い期間を経て、ルネサンスが始まったころから、やっとあの存在と思惟についての明確な問題提起がなされてきたのです。しかし、中世において、この問題はなかったわけではないのです。中世以前も中世においても、この存在が先か思惟が先かという問題は、「スコラ哲学においても大きな役割を演じており、なにが根源的か、精神かそれとも自然かという問題は、教会にたいしては、神が世界を創造したのか、それとも世界は永遠の昔から存在しているのかという問題にまで尖鋭化していた」（『フォイエルバッハ論』二九〜三〇ページ）のです。エンゲルスはこのようにいっているのです。

神に対する信仰が動揺してきたのが、近世の特徴です。人間の復興といわれますが、神のうちに奪いとられていた人間の本性を、人間の手で取り返すというのが、近世の特徴なのです。この場合、神に対する権威が動揺し、神に対する信仰が動揺します。今までは、神が絶対的な実在である真の世界であって、これにもとづいて生活している限り、これに対する信仰に生きている限りにおいては、絶対的な確信をもって人間は生活していくことができたわけです。ところが、神に対する信仰が動揺してくると、神に対して懐疑的になります。その結果、今度は自分が確信を持って生きるための基準というものを新しく探し求める必要が生じたわけです。この基準なしには、人はいいかげんな生活を送らなくてはなりません。現代では無原則な、いいかげんな生活を送ることが当たり前のようになっていますが、しかし、現代でもそんな人間は本当の意味においては少ないと思います。ともかく、自分が本当にその時代において確信を持って生活し、自分のやっていることが無駄なことではない、犬死にではないということに対する確信がどうしても必要です。ところが、神に対する信頼が動揺してくると、どうしても神以外のなにか新しいものを求めなければなりません。この場合には、まず真の実在ということが問題になるのです。そして、この実在がわれわれの真理の基準になるのです。というのも、客観的な基準なしには、正しいか正しくないかの判定をすることができないからです。このようにわれわれの思いどおりにならない客観的な実在としては、まず第一に、中世では神でした。それ以外にわれわれに考えられるものとしては、自然があります。つまり物質的な存在があるわけです。だから、もしも神に代わって、今度は、自然とか物質的存在というものを真理の基準として置いていくようになると、それは唯物論になるわけです。ところが中世の場合には唯物論は成立しなかったのです。

科学の発展と唯物論

なぜ成立しなかったかといえば、唯物論というのは非常に難しいわけです。というのは、後でも説明しますように、唯物論では、あらゆる世界の現象を、われわれの意識現象をも含めて、すべて科学的な必然性において説明できなくてはなりません。つまり自然科学と社会科学は、自然の歴史および社会の歴史というものを科学的に、物質的必然性にもとづけて説明しなくてはなりません。それができるまでに自然科学と社会科学が発展していなければ、唯物論を展開することは不可能です。ここから、なぜこんなに遅れて、唯物論が本当の意味においてようやく一九世紀のフォイエルバッハやマルクスによって展開されたかの理由がわかると思います。それ以前の時代には、自然や宇宙の発展史といったものを科学的に説明できなかったのです。

エンゲルスは『フォイエルバッハ論』のなかで、宇宙の歴史を普遍的な連関――もちろん、なにもかも完全にという意味ではなくて、基本的な連関――をつけて科学的に説明するものとして、エネルギー転化の法則を近代科学の三大発見の一つとしてあげています。エネルギー転化によって、無機的自然のうちに働いているいっさいの力——力学的運動とか化学とか電気の現象など——をエネルギーの転化の過程として説明できます。このようにして、宇宙を一つの統一した原理によって説明しうるようになったのです。もう一つは、細胞の発見です。すなわち、有機体を説明しようとすれば、有機体の歴史の最初の出発点がいるわけです。それから、第三の発見は進化論です。この進化論は、現在われわれを取り囲んでいる自然の有機的な産物は、人間をも含めてもとは単細胞であった胚の長い発展過程の産物であることを説明しました。これら、エネルギー転化の法則と細胞の発見、さらに進化論があらわれたことによって、宇宙史を、つまり天体の形成から現在にいたるまでの宇宙の歴史を科学的に関連づけることができるようになったのです。少なくとも、このような発見の前提がなければ唯物論は本当に展開できません。

社会科学の発展のおくれ

この自然科学の発展からもっと遅れて発達したのが社会科学です。社会を科学的に説明したのがマルクスによる史的唯物論の発見です。従来は、科学が説明できないところは、結局、宗教、神で説明するか、あるいは哲学者が天才的な思弁によって頭の中で関連づける以外に方法がありませんでした。このようなものとしてあらわれているのが「自然哲学」といわれているものです。さらに、人間社会の歴史を科学的に説明する史的唯物論が出てくるまでは、「歴史哲学」という形で展開されてきました。「自然哲学」とか「歴史哲学」などというものは、みんななんらかの天才的な思弁によるか、あるいはその背後に神の摂理とか、なんらかの宗教的な背景なしには説明できませんでした。したがって、これまでの歴史が観念論という形で展開してきたのは、これらの理由によるのです。この点からみても、唯物論というものが、考えられているような単純な形で出てきたものではないということを了解してほしいと思います。

近世観念論哲学の形成――感覚論と理性論

このように唯物論になかなか到達できないとなると、われわれは、自然に根拠を置くこともできず、また中世のように神に依拠することもできません。しかも、われわれが確信を持って、自分の生存に意義を感じて生活していくためには、絶対的な基準というものが依然として必要です。自然にも神にも依拠することもできないとすれば、いったい何が残るかといえば、結局、われわれの意識、人間の意識だけが残ります。こうして、われわれは意識のうちに、宇宙についての真理の客観的な基準と確信ある生活のための基準を求めなくてはならなくなります。このような方向に近世では進んでいったわけです。だから、エンゲルスが「唯物論と観念論」のところで、「近世の哲学の大きな根本問題は、思考（意識）と存在の関係である」といっているのは、以上のような背景をもとにしているのです。

ところで、意識というものに統一原理としての自己を主張するような資格があるのかということが問題です。諸君も考えたらわかるとおり、意識というのは、全宇宙をわれわれの認識の対象にすることができます。すべてのものをわれわれは認識し、われわれの表象に思い浮かべることができます。この意味においては、意識は全宇宙をわれわれのうちに呑み込むという性質を持っています。ここから、意識に絶対的なものの基準、あるいは意識のうちに絶対的な実在の根拠を置こうという考えが出発しているわけです。

この場合、意識のうちに二つの側面があります。一つは、われわれに非常に確実なものを与えるものとして感覚があります。感覚というものは、われわれが直接に感覚しているものですから、これほど確かなものはありません。だから、われわれは感覚の事実にまず依拠します。このようになってきたことの一つの理由は、中世の場合には教会のドグマがあって、いろいろなくだらない不合理な迷信とか命題とかがたくさんあって、これに人々はうんざりしていたわけです。したがって、これに代わるなにか確実な実のあるものを得なければならないというところから、まず第一に、確実なもの、これだけはまちがいないもの、直接的に確証できるものとして感覚に依拠したわけです。ここから感覚論が出てきたのです。それにもう一つの絶対的な基準は理性です。あらゆるものが承認せざるをえない普遍的な真理の基準としてわれわれの理性が主張されました。

イギリス経験論と大陸の理性論

このように近代哲学は意識の二つの側面である理性と感覚に基準を置くようになりましたが、しかし、そのどちらかに重点が置かれるという形で発展してきました。感覚の方に重点を置いて発展してきたのが、イギリスの経験論です。これに対し、理性を真理の基準に置いたのが大陸の理性論です。そして、われわれの感覚は不確かなものである、感覚の事実は理性によって根拠づけられるものだけが確実であると、最初にはっきりといいあらわしたのがデカルトです。デカルトが、教会のドグマやわれわれの感覚が伝えているもの、あるいは物質的存在などあらゆるものを全部疑って、最後に、真理の絶対的な基準として、これだけはまちがいないとみなしたのが理性です。そして、デカルトはこの理性にもとづいて、数学、幾何学とか力学の真理性を基礎づけ、理性が真の実在であり、世界の根底であるという考えを展開していきました。イギリスの経験論の伝統を引く人は、ベーコンとか、ホッブス、ロック、あるいはバークレー、ヒュームという人たちです。また、フランスやドイツの大陸の理性論の代表的哲学者としては、デカルトとかスピノザ、ライプニッツといった非常に偉大な人々がたくさん出ています。

近代観念論の反神学的性質と反唯物論的性質

ところで、意識に真理の絶対的な、確実な基準を置くようになった場合に、第一に重要な点は、意識に絶対的な基準を求めていったため、神を否定すると同時に物質的存在そのものも否定しなくてはならなかったということです。というのは、この場合、もしも物質的な存在を残しておくと、世界に二つの根拠があることになります。われわれの意識もまた世界を統一する、世界を把握する根拠です。ところが、同時に物質的存在のうちにも統一根拠があるということになると、真理というものは一つでなければならないのに、その出てくる源泉が二つもあるということになり、真理は動揺し、中途半端になります。だから、これらの人々が、意識の絶対性を強調しようと思えば思うほど、ますます物質的存在を否定する必要が彼らに生じたのは当然のことなのです。こうして、近世の歴史は神を否定すると同時に、物質的な存在、つまり唯物論を否定しようとする方向で発展したのです。このことは、実際に唯物論が、この時代に本当の意味において形成されるということが不可能であったこと、もう一つは、教会をはじめとする宗教の力がなお非常に強かったということ、このような点からみて、哲学史が右のような発展をたどったのは当然なことです。

とくに宗教というのは、いつの時代にも基本的にはそうなのですが、この時代にも支配層の利益に結びついていました。なぜなら、たとえば人間は生まれながらにして身分的な差がある、つまり家老の子は生まれながらにして家老であって、農民の子はどんなにしてもいつまでたっても農民、農奴であるというような馬鹿げた状態を絶対化し、このような制度を神聖化するというのは、宗教でなければ不可能だからです。したがって、後でまたくわしく話をしますが、信仰の本質というものは、「非合理なるが故にわれ信ず」というところにあるのですから、このような非合理なものを絶対化し、神聖化する任務を持っているため、宗教は政治の力と結びついて非常に強力な力を持っていたのです。

物質の実在性はいかに否定されたか

唯物論がまだ成立する条件がなかったというところから、近世において、哲学は観念論という方向で発展していきました。ところが観念論として発展していこうと思えば、物質的存在の実在性を徹底的に否定しなくてはなりません。それで、物質的存在の実在性を否定する論証がつくられてきたわけです。この論証を一、二例をあげて説明すれば、存在に意識が先立つという考え方（観念論）が了解されるのではないかと思います。

何回も繰り返しますが、意識に存在が先立つ、これが唯物論です。つまり、意識より以前に存在があった。あるいは、もっとわかりやすくいえば、人間が自然を意識する以前に、物質的存在、自然があった。そして、この自然の発展過程において人間が発生し、人間に意識が発生してきた。だから、意識は存在から派生してきたものである。このように考えるのが唯物論です。これに対して、存在に意識が先立つ、そして意識から存在が生みだされてくる、このように考えるのが観念論です。これはとくに宗教の場合には決定的な意義を持ちます。意識が存在に先立つという場合には、死んだ後の人間の世界が確保されます。物質的存在、肉体がなくなったからといって精神はなくなりません。天国や地獄や神の世界、霊魂の世界といったものが広汎に残されます。ところが、意識に対して存在が先立つとなっていれば、もはや死んだ後の宗教の世界というものはなくなるわけであり、この意味でも、存在に意識が先立つという命題は、宗教にとっての死活に関する問題ですから、あくまで確保されなければならないのです。

バークレーの主観的観念論

意識から存在を生みだし、物質的存在を否定するという近世の方向の例証としてよくあげられるのがバークレーの考え方です。バークレーは、唯物論がいうところの物質的存在というものは存在しない、存在というものは、われわれの意識によって生みだされたものだということを証明しようとしました。

彼の証明したところによれば、われわれが物質的存在という場合、そのようなものが存在するということが、なによりもまず感覚で確かめられなくてはならない。われわれのあらゆる認識や意識内容は、感覚から始まるものであって、感覚の中にないものは意識の中にないはずである。いろいろな悟性や法則にもとづく知識とかいうものがあるが、そのようなものは感覚に与えられた材料をつなぎあわすことによってできているものである。感覚の中にないものは、およそ意識の中に存在しない。そして、われわれにとって確実なものというのは、われわれが直接感覚できるものだけである。感覚できないもの、そのようなものの確実性について、われわれは何もいうことができない。これがバークレーの物質の実在性を否定する証明の前提です。

この前提に立って、バークレーは、それでは唯物論者や無神論者のいっている物質存在というものは感覚できるかと問います。そこで彼は、試みに、眼の前にある机というものをとってみます。ところで、机というものでわれわれが感覚するものは、たとえば、長さであるとか、固さであるとか色、重さである。このような性質をわれわれは感覚することができる。しかし、このような感覚、性質を支えている根本にあるものそのものは感覚できない。われわれがものにおいて感覚しうるのは性質だけであって、その性質を支えているその根底にあるものそのもの、物質そのものは感覚することはできない。だから、物質存在というものは確証できないものである。のみならず、ものの性質、つまり長い、固い、重い、あるいは色などというけれど、そのようなものはそれ自身として存在するものではない。長いとか重いとか軽い、固い、あるいは色でも赤とかいうけれど、しかし、色覚障害の人がみれば、赤いものが緑にみえるだろう。それから、鶏にはこれが灰色にみえるだろう。さらに、重いとか軽いとかいうけれど、紙一枚はわれわれにとって軽いだろうけれども、その紙を蚊の上にのせれば、蚊は非常に重く感じるだろう。鉄は固いというけれども、ダイヤモンドを細工している者は、「これは鉄のように軟らかい」というだろう。このように、固い、長い、重い、あるいは色とか、まして匂いなどというものはそれを感覚する者によって異なる。だから、性質というものは他のものとの関係においてのみ存在しうるのである。たとえば、ガラスでもって手を擦ると、手にケガをする。これはガラスに切断力という力や性質があるためだというけれども、そうではない。ガラスで鉄を切れば、鉄は切れないだろう。

阿片を飲めばわれわれは眠くなるから、阿片には催眠の性質があると思っているけれども、阿片を亀に飲ませたら、亀が眠くなるかどうかわからない。亀が眠るかどうか私は実際には知らないが、阿片を飲まされても眠らないものもあると思う。そうすると、この性質というものはすべて他のものとの関係においてあるのであって、それ自身としてそういう性質があるわけではない。のみならず、こうした性質は、われわれの感覚に相対的にあるのである。たとえば、さきほどいったように、同じものでも別のものがみれば、ちがって感じるだろう。同じ井戸水でも、冬は暖かく感じ、夏は冷たく感じる。また、同じものでも丸くみえたり、ギザギザにみえたりする。なぜなら、同じ一つの石を、一方の眼を顕微鏡にあて、片方の眼は肉眼でみれば、肉眼で丸くみえるものも、顕微鏡の方の眼ではギザギザにみえるだろう。だから形というものは、われわれの眼とか、それを操作するものによって相対的である。したがって、ものの性質そのものがすでに主観的なものである。そして、その性質そのものが他のものとの関係においてある。まして、性質を支えているものそのものを、われわれは感覚するわけにはいかない。だから物質的存在というものは存在しない。このように、バークレーは手の込んだ説明をしています。

そして、彼は次のようにいいます。したがって、存在というのは私の知覚である。私の感覚にすぎないのだ。だから、存在というのは、赤い感覚、固い感覚、固さとか重さとかの皮膚の感覚、このような感覚の集まりにすぎない。これ以上に、この感覚の性質を支えている物質そのものは、感覚で確かめることができないのだから、それをあるかのごとく前提してかかることは、ちょうどいろいろな神が世の中に存在していると考えるような偶像崇拝である。だから、唯物論というのは偶像崇拝である。というのは、唯物論は、確証もなにもできないような、証明もできないものをあるかのごとく前提しているのだから、偶像崇拝としかいいようがない。だから、カトリックと唯物論は同じものである。このように、バークレーはいっています。

バークレーの矛盾

ところが、このバークレーのいうことが、またいろいろと矛盾を含んでいます。もし、バークレーのいうところに従えば、彼が眼を閉じれば、この世界はまず、なくなることになります。あるいは、親が私を生んだのではなく、私が親を生んだことになります。というのは、親は私が観察するところにおいてあるのだからというようになってきます。これでは非常に都合が悪いので、バークレーは、さらに次のような方向に進んでいきました。

彼はつけ足していいます。われわれがみる感覚というのは個人個人によってちがうけれども、しかし、このわれわれがみている世界は、神というもっと大きな「われ」の感覚である。つまりわれわれの個々の感覚の背後にある神という自我、それの感覚として世界があり、その神の感覚の世界をわれわれが感覚しているのだ。このように説明しています。

ところが、これに対して、神はそれではどのようにして感覚されるのかという質問が出されました。が、バークレーは、この質問に答えられませんでした。つまり、物質が感覚できないように神も感覚できません。その感覚できない神を設定するのはおかしいのではないかといわれれば、バークレーはなにも答えられません。そこで、バークレーの物質的存在の実在性の否定に対しては、どのように答えるとよいかが問題になりました。

ヒュームの懐疑論

このバークレーのあとに、ヒュームという人が出てきました。ヒュームはバークレーに反論しながら次のようにいっています。われわれの感覚の外部に何かものがあるということは否定することはできない。というのは、私は眼の前にこのものをみて、あのものをみない。だから、あのものとかこのものとかは、やはり私の感覚が生みだしたものとはいえない。何か外部のものがあって、それがわれわれの感覚に反映したというように考えなければ、なぜ眼の前にこのものをみて、あのものをみないのかが説明できない。だから、このように感覚の外部にあるものを前提しなくてはならない。ところが、それがどのようなものであるかは、絶対にわからない。というのは、私が知るのは、そのものが私に作用したその結果としての感覚のみであって、そのものが私の感覚に作用する因果関係というものは絶対に感覚できない。ところで、感覚できないものは不確かなものだから、われわれはこのようなものが何であるかということは絶対にわからないという以外にはない。それが神であるのか物質であるのか、あるいは神でもなければ物質でもない得体の知れないものであるか、何であるかはわからない。しかし、いずれにせよ、われわれが知るのは、それがわれわれに作用した感覚だけであって、その作用そのもの、因果関係は感覚できない。したがって、ともかく外部に何かものがあるということは、いろいろなことから考えてみて想定せざるをえないが、それが何であるかは絶対にいえない。だから、われわれが学問的であり真に実証的であるためには、神とか物質的存在とか外部の存在について絶対にいうべきではない。これがヒュームの主張です。

ヒュームはバークレーをもう一つの点で否定しています。ヒュームはいいます。バークレーは物質的存在そのものは否定しているけれど、しかしこの私そのものを前提している。しかし、この私そのものというものも、また存在しないはずである。というのは、実際にわれわれが直接的に内面的に意識することができるのは、時々刻々に変わっているこの私だけである。ある時には喜んでおり、ある時には泣いており、ある時には笑っているというように、時々刻々に移り変わっているムード（気分）に従って動いているその瞬間瞬間の実感としての私ならわかるけれども、その私を貫いている私一般というようなものは、これは感覚するわけにはいかない。だから、バークレーのいうような自我一般というものは存在しないのであって、あるのは各瞬間ごとのこの私だけである。このようにヒュームは主張しています。現在の実感主義はここから出ているということ、すなわち観念論であるということがよくわかると思います。

因果必然性の否定

バークレーやヒュームの理論というものは知っておく必要があるので、もう少しくわしくいっておきます。両者はともに、因果必然性を否定します。たとえば、私が石を投げて、そしてガラスが割れたという場合には、石を投げたという感覚、石が飛んでいるという感覚、ガラスが割れたという感覚はある。しかし、われわれは原因そのもの、結果そのもの、必然性そのものは感覚することができない。だから、実際われわれが確実に事実にもとづいていいうることは、石を投げたという感覚に、ガラスが割れるという感覚が対応するという対応関係がいえるだけであって、因果必然性はいうことができない。このように、バークレーもヒュームも物質的存在を否定するだけではなくて、因果必然性も否定しています。このようになると、現在の実存主義やプラグマティズムに非常に近いところにまできています。

デカルトの理性論

一方、デカルトのほうは、バークレーやヒュームとはちがいます。バークレーやヒュームは感覚の事実は疑うべからざるものである、絶対的な基準であるといっているけれども、デカルトはそうは考えてはいません。デカルトはいいます。感覚というものはわれわれを絶えず欺くものである。だからこれには信頼はおけない。また、物質的存在にも信頼をおくわけにはいかないと。それからもう一つデカルトが徹底的に疑ったのは、教会のドグマです。教会には、実に馬鹿げたあらゆる迷信とか下らないドグマがあります。バイブルには、理性的に承認できないような馬鹿なことがたくさん書いてあります。デカルトはこれを全部疑ったうえで、結局、絶対確実なのは理性だけであると結論します。デカルトが、「われ思う」といった場合の「コギト」Cogito とは、思惟するということであって、実感するということではありません。感覚の事実も理性によって、理性的に推論されたものにもとづいている場合にのみ真理を持つ、だから、この世界における真の実在は理性そのものである。あるいは理性から演繹されてきたもののみが真理である、とデカルトはいいます。つまり、彼は人類の良識である理性に真理の基準をおいたのです。

デカルトの懐疑と現代の懐疑論

なお、もう一つつけ足しておきたいことは、デカルトが懐疑という場合の懐疑と、現代の懐疑主義者の懐疑とはちがうということです。まず第一に、懐疑の対象がちがいます。デカルトは何を疑っているかといえば、教会のドグマを疑っています。あらゆる非合理的なものを彼は疑い、理性の審判にかけます。だから、彼にとっては、むしろ理性の確実性、それの絶対的な真理性を明らかにするために疑うのであって、あらゆるものを疑うということは理性の絶対的な確実性と真理性を保証することと結びついて出てきているのです。ところが、現在の懐疑主義者はデカルトとちがいます。現在、懐疑、懐疑といっている連中は何を疑っているかといえば、科学的な真理と民主主義の原則を疑っています。つまり、理性そのものをけなしているわけです。このような懐疑とデカルトの懐疑とは全然性質がちがうのです。

さらに、デカルトは、本当の意味における主体性を確立しています。普通には、人間というものはいろいろな社会関係、つまりいろいろな育ってきた環境に従って、いろいろ意見を持つ、つまり、育ち方のちがいによって、立場のちがいによって、みんな意見がちがうというように考えるのが唯物論であると思っています。しかし、このような考えはまちがっています。このような考えでは、動物も人間も同じになります。動物もまた、育ってきた状態とか、おかれている状況に従って動いているのであって、この場合には、瞬間の意欲や感情に、つまり実感に従って動くことになります。これはまさに動物以外のものではありません。デカルトが求めたのはこのようなものではありませんでした。彼は理性を基準において、あらゆる与えられた感覚の事実なり、あるいは自分自身の環境にもとづいているところの主観的な意見を審判にかけているわけです。このように、あらゆるものを理性の審判にかけて批判的に取り扱う、これが本当の意味における主体的な態度です。環境とかムードに従ってそのまま動いているというのは無批判的なものであって、このような無批判的な、無原則的な態度に主体性があるなどというのは、おおまちがいです。この点で、デカルトの懐疑と、現在いわれている懐疑とはまったく性質がちがうということがわかると思います。現在の懐疑というのは科学や民主主義の理性的な基準を否定するので、真理の基準がありません。だから、ニヒリズムに到達していくわけです。このようなものは、デカルトとは正反対のものなのです。

このデカルトの伝統を継承していったのが、カント、フィヒテ、ヘーゲルといった人々です。そして、このデカルトやカント、ヘーゲルといった人々を継承していったのが、マルクスの唯物論です。事実、デカルトやカント、フィヒテは、あらゆるもの、すなわちこの宇宙を理性的に再構成し、すべてのものを理性の支配の下におき、あらゆるものを理性の審判にかけようと考えました。だから、与えられた感覚の事実といったものをそのまま受けとりません。このようにすべてを批判的に扱う、しかも理性の審判にかけるというのが、近代の偉大な精神であり、とりもなおさず、唯物論の基本精神です。

観念論の立場における観念論の否定

しかし、近世における右の理性の発展というのは、物質的存在を徹底的に否定して、理性を絶対的な権威に高めました。だから、近世の哲学というのは、唯物論に反対するという形において、唯物論の一番本質的なものである理性的なものを貫徹するという形をとったのです。スピノザにおいては、神即ち自然です。ここには、徹底した因果必然性、理性的な必然性が支配していて、神の奇蹟の入る余地は絶対にありません。ヘーゲルの場合も、彼の絶対精神というのは理性そのものであって、非合理的なものは一分子も入れません。ヘーゲルの神とは、質とか量、内容とか形式、また本質などといったものです。だから、カトリックの連中が、このような神は自分たちの神ではないといっているのは当然なことです。ヘーゲルでは、神とは論理学そのものです。このように、近世の哲学の歴史は、観念論の立場において観念論を否定するという形で発展してきました。それは、ちょうど宗教改革という形で宗教を否定してきたのと同じ形をとっています。だから、エンゲルスがいうように存在が先か、思惟が先かという問題が、近世哲学における根本問題になってきたという理由には、理性のもとに、意識のもとにすべてのものを包括しようとするのが近世哲学の歴史であるということ、この歴史の背後には宗教があったということを前提にしているということを知っておいてほしいのです。

三　唯物論と観念論

観念論と無からの創造

エンゲルスの唯物論と観念論についての説明の前半の部分は、以上のことを説明しているわけです。今、この点について、もう一度一般的な形で唯物論か観念論かという言葉の意味を説明しておこうと思います。

はじめに、エンゲルスが与えている唯物論と観念論との定義について話しておきます。エンゲルスは、「存在に対する思考の位置という問題は、中世のスコラ哲学においても大きな役割を演じており、なにが根源的か、精神かそれとも自然かという問題は、教会に対しては、神が世界を創造したのか、それとも世界は永遠の昔から存在しているのかという問題にまで尖鋭化していた」（『フォイエルバッハ論』二九〜三〇ページ）と述べます。この、神が世界を創造したのか、それとも世界は永遠の昔から存在しているのかということには決定的な差があります。どのような差かといえば、神が世界を無から創造したという場合には、神が世界をどうにでもできるという前提があります。神は、世界を造らないでおこうと思えば、造らないこともできたのであって、ただ自分自身の偉大さを示すために、そして、人間をして自分の偉大な仕事を礼讃させるために、世界や人間を造ったと考える場合には、神は無から造ったのだから、あらゆる奇蹟が可能である、神は全世界を自分の思いどおりにできるという前提があるわけです。反対に、自然が永遠の昔から存在したという場合には、自然は自分の法則に従って動いているのであって、神の奇蹟の入り込む余地は絶対にありません。

このように、世界は神が造ったのか、あるいは永遠の昔からあるのかという対立は、唯物論か観念論かの対立を意味しています。たとえば、近世になって、ニュートンのように、すべてのものが機械的な因果必然性に従って動いているというように、すべてを力学的に説明すれば、神の奇蹟の入る余地は絶対にありません。ただし、ニュートン自身は、自己運動という概念を持っておらず、機械的な運動だけを考えたので、運動には最初の一撃を与える者が必要となり、この一撃の後は因果必然性に従って動くということになっています。ここで、ニュートンは、神の奇蹟というものを、神の最初の一撃に一度だけ限定しており、それ以後は神の奇蹟の入る余地はありません。スピノザの場合にも、ヘーゲルの場合にも、同様のことがいえます。いずれにせよ永遠の昔から自然が存在していたか、神が無から世界を造ったかの問題は、唯物論か観念論かの基本的な問題をいいあらわしています。

唯物論と観念論に関するエンゲルスの定義

エンゲルスはこれに続いて、「この問題にどう答えたかに応じて、哲学者たちは二つの大きな陣営に分裂した。自然に対する精神の本源性を主張し、したがって結局なんらかの種類の世界創造を認めた人々は、観念論の陣営をつくった。自然を本源的なものとみた人々は、唯物論のさまざまの学派にぞくする」といい、さらに続けて、「観念論と唯物論という二つの言葉は、もともと右に述べた以外の意味を持っていないし、ここでもまた他の意味につかってはいない。これ以外の意味をそれに持ちこむと、どんな混乱が生じるかは、後にあきらかにされるであろう」（『フォイエルバッハ論』三〇ページ）と述べています。

つまり、唯物論か観念論かという言葉の持っている意味は、意識に対して存在が第一義的である、つまり意識に対して存在が根源的であり、意識は存在から派生し、生みだされてきたものであると考えるのが唯物論である。それに対して、反対に、意識が存在に先立つ、意識がより根源的なものであり、存在は意識から派生し、生みだされてきたものであると考えるのが観念論であるということです。この観念論が、どのようにして意識から存在を生みだすのかは、バークレーの例をみれば理解されます。バークレーは、存在とは私の意識の集まりであるといっています。この場合は、当然、意識から存在が生まれてくるわけです。また、デカルトは、物質的存在も疑わしいといい、理性にだけ確実性をおいています。そして、われわれの感覚にあらわれているようないろいろな現象も、理性に根拠を置くかぎり、この現象は真理性と実在性を持つと考えます。この場合、物質的存在の根底には理性が置かれているわけです。このように、理性によって存在が基礎づけられたり、生みだされると考えるのが観念論なのです。

物質と意識の交互作用

エンゲルスは、唯物論か観念論かの命題について、ここで彼がいっている以上の意味を持たせてはならないといっています。ところが、なかなかこのとおりにはいかず、いろんな意味を付与するため、全然この命題の意味をとりちがえたりして、非常な混乱が起こってきます。

混乱の最も大きいのは、この命題に存在と意識の交互作用を持ち込むことです。ところで、存在と意識の間に交互作用があるということなどは当たり前のことです。われわれは、風邪をひいて体の調子が悪い時には気分も悪く、また気分的に憂うつであれば体の調子も悪くなります。「主体性の病」にかかった人間は、たいていやつれて、体まで悪くなるのが普通です。だから、意識と存在の間に交互作用があるというのは当たり前のことなのです。

ところで、この交互作用しているものの究極の原因、根拠を物質的なものに求めるのが唯物論です。唯物論は、無限の交互作用をしている物質的現象だけではなく、意識現象も、物質的存在から生みだされてきたものとして、必然性において把握します。つまり、われわれの意識現象も科学的な認識の対象にするわけです。科学的な物質的な必然性にもとづいて把握するのが唯物論なのです。だから、別の言葉でいえば、唯物論の立場は意志決定論の立場です。これに対して、観念論というのは、物質の根底に意識を置くのですから、この意識は物質的必然性を持っていません。したがって、観念論の本質は非合理主義というところにあります。

唯物論と観念論は、物質と意識のいずれをその根底に置くかによって対立しますが、しかし、両方とも交互作用は認めるのです。だから、本来、唯物論か観念論かの問題というのは、主体と客体との弁証法的交互作用とは直接関係ないわけです。問題は、この交互作用の根底にあるもの、つまり物質的存在がこの交互作用を決定する要因であるか、あるいは、この交互作用を決定する基本的なものは観念的なものであるか、ということなのです。ここで、主体と客体の交互作用をいっても何もいったことにはならないのです。

物か心かの二元論的理解

ところが、このことが非常に誤解されて、存在が先であるか、思惟が先であるかというように問題が出されているのに、唯物論か観念論かの問題が、存在か思惟かというように理解されています。物か心かということが、唯物論か観念論かの問題であるということになれば、唯物論と観念論との間には絶対的な対立があるのだから、ここから、意識と存在との間に絶対的な断絶があるということになります。意識と存在との間に絶対的な断絶をおくのは二元論であって、これは唯物論でも観念論でもありません。こちらに物質、あちらに心があるというように、二元論は絶対的な断絶を設定します。

ところで、エンゲルスの唯物論か観念論かの命題は、右のような二元論の問題を整理したものであると受けとられています。このことを、もののわからない連中や、あるいは観念論者が主張するのなら話はわかるのですが、非常に多くの唯物論者がいっているのです。最近、私が少し読んで驚いたのは、東ドイツで支配的になっているコージングという哲学者がやはり、この唯物論か観念論かという問題提起を、物か心かというように受けとって、二元論的に問題を理解していることです。コージングは、この問題提起は形而上学的な問題の立て方であるというようないい方をしています。このような理解は日本にも多くあります。

唯物論と観念論の絶対的対立

ところで、いっておかなければならないのは、あらゆるものの無限に交互的に作用している究極の原因を物質的な必然性に求めて、たんに物質的な現象のみでなく、意識現象をも科学的に説明するのが唯物論の見地だということです。すなわち、唯物論の見地は徹底した科学的な見地です。これに対して、存在の基礎に意識をおき、しかもこの意識は存在に先立つのであるから、その基礎には物質的必然性を持たず、非合理性がその本質であるような見地が観念論です。非合理的な見地と科学的な見地は絶対に一致しません。この意味で、唯物論と観念論の絶対的対立がいわれているわけです。

唯物論と観念論の対立を揚棄する「第三の」道

ところが、存在と思惟との間に絶対的な断絶があるというい方をすると、話が全然別になってきます。このようないい方では、物だけいうのも一面的であるし、心だけいうのも一面的であるということになり、この両方の一面性を統一するための、何か物でもなければ心でもないものが必要になってきます。つまり、第三のものが必要になってくるわけです。そうすると、この第三のものは、物でもなければ心でもない、物でもあれば心でもあるという、わけのわからないものとなり、このようなものを「人間」と名づけています。そして、この第三のものを主張することが、何かヒューマニズムででもあるかのごとくいうし、この「人間」は、物に対しても心に対しても平等に振る舞うのだから、これは全体の見地であるというようないい方をしています。このような考えは、最初から問題の立て方そのものを誤っているのです。

意識と存在の間に交互作用があるということは、唯物論も観念論も否定していません。主観と客観の間の交互作用ということは、唯物論もいうし、観念論もいっているわけです。したがって主観と客観の問題と唯物論か観念論かの問題とは、問題そのものがちがうということを知っておく必要があります。唯物論か観念論かの問題は、存在と意識との関係で、どちらが第一義的か、あるいはどちらが根源的かということです。ここからわかることは、唯物論や観念論は、この世界を取り扱う場合の、態度や見地を意味するということです。つまり、全宇宙の存在を、徹底した科学的な見地からとらえるか、あるいは非合理的な見地からとらえるかという問題です。だから見地のちがいであって、その取り扱う対象の内容のちがいではありません。対象は同じなのです。

　ところが、唯物論か観念論かという問題を、物か心かというようにとると、対象がちがってきます。つまり、唯物論はダンゴの方を問題にし、観念論の方は花を問題にする、あるいは意識や精神文明の方を問題にするのが観念論であり、唯物論というのはもっぱら物質的なところ、すなわち経済とか政治とかを問題にする、というようにその対象領域が分かれてきます。そして、観念論の方はもっぱら理想を問題にする。これに対し、唯物論はもっぱら現実的なところ、つまりちゃっかりしたところを問題にする。なるほど、生活をするにはちゃっかりしていなければならず、経済や政治は非常に重要であるから、このことを否定することはできない。しかし、これだけでは人間は満足しない。やはり理想も問題にしなければならない。だから唯物論というのは、なにかいつも経済、つまり、食うことばかりを問題にしている、あるいは、もっぱら政治において腕力をふるう暴力的な方を問題にしている。これに対し、美とか善とか神とかいった、非常にかぐわしいものを問題にするのが観念論である。せいぜい唯物論が問題にするのは科学であって、真理をなるほど唯物論は問題にするが、美とか善とか神とかいったものは観念論の専門の領域である、等々。これはいちばん多い基本的な誤解であるということを知っておいてほしいと思います。

もし事実がこのようであるならば、自分が唯物論者であることを、なにか恥ずかしいことであると思わなくてはなりません。人に向かって、自分はちゃっかりしていて、食べることが第一であるというならば、それは非常に食い意地の張った人間のように思われます。あるいは、理想も道徳もなにもない、美もわからないということになると、なにか唯物論者であるといっている自分が動物であるといっているような印象を受けるわけです。

唯物論と観念論は対象ではなく見地を異にする

しかし、唯物論か観念論かということは、このようなものでは全然ありません。そうではなくて、両者とも対象は同じなのです。どちらも世界と人間を問題にします。ただ、これらを徹底した科学的見地から取り上げるか、あるいは非合理的な見地から取り上げるかという差があるわけです。だから、唯物論か観念論かということは、別ないい方をすれば、科学的な見地か非合理的な見地か、合理主義か非合理主義かというように考えればよいわけです。また、神が世界を造ったのか、それとも自然は永遠の昔からあったのかという問題と同じです。たとえば、人間の世界についていえば、観念論は政治も経済も道徳も神も問題にします。唯物論も同じことです。どこがちがうかといえば、唯物論は意志決定論です。だから、唯物論の場合には、ある一定の時代に、なぜこのような宗教が発生し、このような理想が発生したか、神とか美とかは理想を意味するのであるが、こうした神とか美意識とか道徳意識とか、あるいは政治的要求、経済的要求が、なぜ一定の時代に、一定の場所で起こったのかを問題にします。たとえば、ルネサンスは、なぜ一四世紀から一五世紀、一六世紀にかけて、なぜ他のところではなくてイタリアで起こったのか。なぜルネサンス的な理想、道徳意志、あるいは人間観、美意識、またルネサンス的な宗教についての神の考えが、どうして他のところではなくイタリアで、それも一四世紀に発生して、一二世紀や一三世紀に発生しなかったのかを問題にします。このようなことは、われわれが人間の意識、思想というものを意志決定論によって把握していなければ説明できません。観念論の場合には、それをなんらかの非合理的なもの、たとえば天才とか、偶然とか、神の摂理とかいったものによって説明する以外に方法はないわけです。このように、どちらも理想を、道徳を、美を問題にし、政治や経済を問題にします。ちがう点は、これらを物質的必然性にもとづけて説明するか、この必然性を基礎に置かず天才とか偶然とかによって説明するか、これが唯物論か観念論かの区別です。このように理解すれば、意味がよくわかると思います。これらの点については、第三講で再び取り上げたいと思います。

第二講

哲学の根本問題について、第一講では唯物論と観念論という言葉が、どのような意味を持っているのかということから話しました。ここで、唯物論と観念論の間には絶対的な対立があるといわれる場合、この対立の内容がどのようなものであるかということが、戦後は、はっきりしていないということも、やはりこの根本問題が非常に混乱しているもうひとつの理由です。そこで、唯物論か観念論かを説明する場合、この絶対的な対立とはどういう意味であるかを説明した方が、わかりやすかったかとも思いますので、第二講はこの点から話を始めたいと思います。

一　疎外——神・国家・資本

「思想上の平和共存」

唯物論と観念論との絶対的対立という問題が非常に重要であるというのは、戦後の中心的な問題である疎外という概念が関係してくるからです。おそらく、ここにいる皆さんは、疎外という言葉を何回となく聞かれただろうと思います。しかし、この唯物論と観念論の絶対的な対立の意味がはっきりしていないために、疎外の概念も正しく理解されていないのではないかと思います。

のみならず、唯物論と観念論の絶対的対立ということは、戦後一般によくいわれている「思想上の平和共存」のもとでは評判の悪い概念になっています。「思想上の平和共存」が戦後の中心問題となっているのは、非常に広範な統一戦線結成の必要からです。平和のため、民主主義のため、あるいは反独占のための広範な統一戦線ということが、戦後の中心問題になっているわけです。ここから、思想上においてもお互いにあまりいがみ合わないでというムードから、「思想上の平和共存」がいわれてきました。たとえば、唯物論と観念論の絶対的な対立などということは、統一戦線を破壊することになるといわれたのです。統一戦線の持っている重要性からみて、唯物論と観念論の絶対的対立の主張に対する悪い評判が非常に大きな力を持つことによって、戦後の大きなイデオロギーの混乱が起こっているのです。だから、ここから、「思想上の平和共存」に反対しながら、しかも理論上、あるいは思想上の問題について統一的に行動しうるための条件をどのように作っていくのかという問題が出てきます。こうした問題との関連で、疎外の問題なども含めて、唯物論と観念論との根本的な対立がどのような意義を持っているかということは、非常に重要な問題なのです。

疎外の三形態——神・国家・資本

この問題をはっきりさせるために、私自身はいつも宗教の問題から始めて、これを説明していきます。ここでは、宗教の方をできるだけ簡略にして民主主義の問題に重心を置きたいのですが、全然これを没却して進むこともできません。

ついでにいっておきますと、疎外というものが重要な意味を持っているということは、疎外現象がどういうものかを考えてみると非常によくわかります。疎外が思想の面で、イデオロギーの面であらわれてくるのが神です。政治の領域で疎外現象としてあらわれてくるものが国家です。経済的には、それは資本という形をとっているものです。この三つをあわせて考えてみると、疎外という概念がどれほど重要な意味を持っているかということが了解できると思います。ところで、唯物論か観念論かという点を、疎外概念でいいあらわすと次のようになります。神のうちには、神学的な、非人間的な側面と、人間的側面があります。この二つは絶対的に対立しています。前者を代表するのが観念論で、後者を代表するのが唯物論です。つまり、今まで述べてきた唯物論と観念論との対立ということは、宗教の中に含まれている二つのものの対立を、科学的にいいあらわしたものなのです。次に国家についていいえば、国家には、民主主義の側面と、もう一つは、階級的な支配を支えている独裁的な側面があります。これが国家における人間的なものと非人間的なものです。資本の場合には、資本が社会的な生産力でありながら、同時に搾取の源泉としての死んだ労働（私有財産）という形をとっています。これらのそれぞれについては後でくわしく説明します。

神の本質は人間の本質である——フォイエルバッハ

普通は、神というものは、あるいは宗教というものは、非常にわからないものであるというように考えられています。つまり、科学が及びえないもの、科学的には処理できないもの、あるいは合理的には理解できないものと考えられています。しかし、これは全然まちがいです。神はどのようなものであるかということぐらいはっきりしていることはありません。それも今日や昨日はっきりしたことではなくて、一五〇年ほど前にすでに完全に明らかになっているわけです。したがって、マルクスも、神の問題、あるいは宗教の問題というのは、理論的にはすでに完全に尽されている、つまり、完全に神の内容というものは明らかにされており、それはもはや理論上の問題としてではなく、一つの社会問題としてのみ存在するというようにいっています。この神の本質を非常にはっきりとさせたのは、マルクスの直接の先行者であったフォイエルバッハという哲学者です。フォイエルバッハの理論の核心は、「神の本質は人間の本質である」というところにあります。たとえば、神は全知全能であって、かつ愛であるという場合には、ここにいいあらわされているものは、人間の理性であり、人間の道徳性であり、あるいは人類愛がいいあらわされているだけなのです。したがって、神というのは、人間の理想をいいあらわしたものです。これが一つの側面です。人間というものは個人個人をとってみれば、みんな制限のあるものです。しかし、人類として普遍的な性質を持っています。つまり、人間は個人としてはみんな制限を持つ欠陥のある存在です。しかし、人類としては、人間は完全である、このように考えざるをえません。このような人間の本質として考えられるものは、まず第一に、人間の理性です。それから、この理性にもとづく人間の道徳性、それから人類愛があります。このようなわれわれの本質を外部に出したもの、それが神です。だから、神とは完全な人間であり、あるいは人間の理想という意味を持っています。事実、神の中にいいあらわされているもので、人間の理想ではないようなものは存在していません。

武勇の神、忠の神

今、人類一般というようにいいましたが、具体的な人間をとってみるといっそうよく理解できます。たとえば、武士にとっての理想、最も大切なものは何かといえば、それは武勇です。ですから、武士の理想であるものは、弓矢八幡大菩薩です。日本では源義家が最も理想の武士として考えられています。だから、いたるところに弓矢八幡大菩薩の神が存在しているのです。天皇制にとって一番何が大切であるかといえば、忠です。忠というのは天皇に対する、あるいは封建君主に対する絶対服従がその内容です。そうすると、忠というものは「悠久の大意」であって、天皇制にとっての絶対的な真理です。この場合の理想の人間が神になるわけです。したがって、戦前においては、湊川神社とか和気清麻呂とかいう忠の神が日本のいたるところに存在しました。このように、神とは人間の本質を外部に出したものであって、そこには人間の理想がいいあらわされています。

神に関する神学の定義

たとえば、神学では神の性質についていろいろと定義がおこなわれています。「神は普遍的なものである」。「神は絶対に自由にしてかつ独立なものである」。あるいは、「神は無限なものである」。このように神について定義されています。「神ということは他の何ものにも依存しない、絶対的に自由な存在である」。あるいは、「普遍的なものであって、時間、空間を超えた、永遠的な無限なものをいいあらわすのが神である」。このようなものが、神学が神に与えている定義です。

ところが、この定義の中にいいあらわされているものは何かといえば、人間の理性の本質にほかなりません。理性は無限なものであり、普遍的なものです。われわれの感覚はその時々の時間、空間の事情とか、具体的な事情に左右されるけれども、理性自身は、自分で存在しているし、普遍的なものであるし、無限なものです。だから、神の定義の中には理性の規定以外の何ものも存在しません。またその他の点に関しても、たとえば神のいろいろな能力、全知全能のものとしてあげられているものの内容をみると、それは自然の必然性以外の何ものでもありません。すなわち、自然神が存在していた場合には、雨を降らす神であるとか、病気を治す神など、多くの神が存在していましたが、そのような神の持つ能力というのは、自然の持っている必然性以外の何ものでもありません。このように、神は人間の本質であるわれわれの理性、そしてこの理性にもとづくわれわれの真の道徳的な意志、さらに人類愛などが、外部に出されたものです。したがって、神は人間の似姿なのです。

　このようにいっているのは、何もわれわれがたんに頭の中で、このように考えているからではありません。過去のすぐれた信仰深い人々がこのようにいっているわけです。

「神の完全性はわれわれの魂の完全性である。しかし、神は完全性を無制限に持っている。われわれはいくらかの能力、いくらかの認識、いくらかの美点を持っている。しかし、これらすべてのものが神においては完全である」。これは、ライプニッツが神を弁護した『弁神論』というところで書いている文章です。カントも同じようにいっています。カントは『哲学的宗教論講義』で、「神はいわば道徳律そのものであるが、しかしその道徳律が人格化されて考えられたものである」といっています。これらは、神とは人間の道徳そのものにすぎないといっているのです。あるいは、古い時代の最も信仰深い聖者といわれる人々の一人が、「われわれの魂に属するものは、また神にも属している」、「われわれが自己を知るならば、その者はまた神を知るであろう」といっています。この場合には、われわれ人間の真実の基礎というものは、理性的なもので、この人間の本質であるものを外部に出したものが神だということです。このようなこと、これに近いことは、すでに以前からいわれています。たとえば、スピノザという哲学者は、鳥が神を持てば、その神はかならず羽根を持っているであろうし、牛が神を持てば、その神は角を持っているであろうといいました。事実、われわれの地球上をみても、白人の神は色が白いし、黒人の神は色が黒い。日本人の神は色が黄色くて、ちょうどモンゴロイドの様相を呈しています。

時代の理想としての神

われわれは、それぞれ個人個人をとってみれば、みんな制限を持っています。しかし、人類としては完全であり、かつ絶対的です。この類としての人間の本質、人間の理想が神の中にいいあらわされているのです。理想というものは欠陥のないものであって、それ自身を欠陥のあるものと考えることは不可能です。平安貴族にとっての美意識の理想はもののあわれであり、天皇制にとっては忠がその本質です。天皇制が忠をつまらないものであるとか、欠点のあるものであるとか、あるいは平安貴族がもののあわれは美的に欠陥のあるものであるとかいうのは不可能です。誰もみな自分自身の本質を絶対化させざるをえないのです。したがって、われわれ人間は、神を礼拝することにおいて、実は自己自身を礼拝しているのです。だから、神が何であるかを知ろうと思えば、その時代の人間とその理想を知ればよいわけです。しかも、その時代の人間の理想というものは、その住んでいる社会関係によって規定されてきます。したがって、その社会関係と、それにもとづく人間の本質、人間の理想を知れば、その神が何であるかということは、隅々までわかるのです。そして、もしも社会関係が変わり、人間の本質が変わり、したがって、人間の理想が変われば、それにしたがって神もまた変化します。

神は人間にとって最も親しい存在である

また、神のうちにはわれわれ自身の本質がいいあらわされているから、神は非常に親しいものであり、非常にわかりやすいものであるということがわかります。われわれが外部の自然というものを認識しようと思えば、われわれ自身も主観の外へ出なければなりません。われわれが主観的に振る舞っていたのでは、自然の法則なり、自然存在というものはわかりません。あくまでわれわれ自身が自分を否定して、客観的な存在の自然性に従わなくてはなりません。これに対して、神のうちにいいあらわされているのは、われわれ自身の本質ですから、したがって、神というものは非常にわかりやすい、親しいものです。だから、アウグスティヌスが、神は外部の自然、石とか机とかそういった自然の存在よりは、われわれにずっと近いものである、ずっと親しいものである、そして、ずっとわかりやすいものである、というようにいっているのは当たり前のことなのです。われわれが神を知ろうと思えばわれわれの主観の外に出る必要がないわけだから、したがって、神はわれわれにとって親しくもあれば、わかりやすい存在であるということが了解できるだろうと思います。

神と人間の差は人類と個人の差にすぎぬ

神とは完全な人間のことなのです。われわれは個人個人としてはみんな制限がありますが、しかし、人類としては制限はありません。だから、自分の持っている個人的な責任を人類の責任にしてはいけないのです。われわれは、非常にのんびりしてブラブラしたいと思ったり、あるいはいろいろ頑張らなくてはならないところで頑張れないことがあります。ところで、このようなことが人間の特性であって、人間の弱さであるというようにいうのは、まちがっています。このような自分の個人的なずるさであるとか、個人的な弱点を人類の責任にするというのはけしからん話です。そうではなくて、われわれ個人個人の持っている制限として、人間は非常に欠陥のあるものだけれど、類としては完全なのです。そして、われわれ人間にとって何がすぐれているかといえば、人間以上に優れたものはないのです。人間にとっては、人間ほど美しい存在はないのです。だから、その時代の理想、美というのは神と同じ性質を持っているわけです。つまり、その時代の人間の理想をいいあらわしたものが神です。われわれは、それぞれの時代において、自分自身の本質、理想をよくいいあらわしているようなものを神にするのです。しかし、個人としては、みんなそれぞれ欠陥があるのだということを知っていなくてはいけません。だから、自分個人を鏡に映して、自分は理想的な女性、理想的な美しさであると考えればそれはうぬぼれです。しかし、人類として、人間ほど美しい存在がないということは、これは当然のことです。だから、それぞれの存在は、自分自身の尺度にあわせて、自分の花を最も美しいというように考えているわけです。つまり、それぞれみんな自分の神を持っているのです。神のなかには、人間の本質、あるいは人間の最も大切なものがいいあらわされているのですから、したがって神は人間の道徳そのものであり、愛そのものであり、知恵そのものです。だから、過去の偉大な人々が神に対して非常に厳粛な、敬虔な態度をとったのは、当たり前のことです。そしてまた、宗教を信仰するようになってから非常に真面目になったというようなことが起こるのは、この理由からです。というのは、神にはわれわれの最も大切な道徳そのものがいいあらわされているからです。

このように、神と人間の差というものは、個人と人類の差です。この間には量的な差しかありません。つまり、神はいわば人間の鏡であって、道徳そのものであり、美そのものであり、知恵そのものなのです。このようなものが神なのですから、そこにいいあらわされているものは、人間の本質以外の何ものでもありません。さらに、もうひとつ付け加えていえば、われわれ人間にとって欠くべからざる自然の本質、これを神の本質に付け加えれば、それはいっそう完全なものになります。自然あるいは自然の必然性が客観化されたものが神です。以上のことが宗教の本質としてみなされるものです。これ以外の形をとって神が人間にあらわれたということはないわけです。ここでは細かい、具体的な、論理的な論証をはぶいています。ここでは、この論証自身に重点はないからです。

神は人間の無意識の産物

このように、人間が自分自身の本質を外部に出していくことが、疎外ということの第一の意味なのです。われわれ自身の本質を外部に出す、なぜこのようになるかといえば、ちょうど子供と同じことなのです。人間がまだ自分で自分を律していくことができない場合には、外部に自分自身の本質をみるわけです。たとえば、子供にとっては、親が社会を代表しているということと同じことです。だから、宗教というのは人間の子供らしい状態であって、まだわれわれ自身が、自分で自分の理性を持って、自分で自分を律していくということができない場合なのです。神は、人間が自分の姿に似せて作ったものだけれども、しかし意識的に作ったものではなくて、無意識に作ったものです。

宗教における二側面の区別

以上が、神の本質ですけれども、おそらく人間の理想以外の形で神があらわれた場合があるという反論があると思います。しかし、この場合を調べてみるとよいと思います。自然のいろいろなものを神にしているけれども、たとえば、悪魔とかいうものもいるけれども、このようなものはかならず最後には神によって征伐されるようになっています。もちろん、泥棒であれば泥棒の神がいるわけであって、これはやはり泥棒の本質をいいあらわしているものです。たとえば、石川五右衛門とかいう者が神としてまつりあげられもするのです。

ところで、非常に重要な点は、今まで神の本質として話してきたものは、実は宗教における全然宗教的でないものです。これは人間的な本質であって、本来これはあらゆる宗教の中にはかならず入ってはいます。しかし、かならず入っているものですが、今まで話してきたことは、その内容をよく調べてみれば、人間の本質以外の何ものでもありません。われわれの道徳的な意志、あるいは人類愛、あるいは知恵とか、具体的にいえば、その時代時代の人間の理想であったもの以外の神というようなものは存在しません。人間の本質、理想という意味で神のすべてがいいあらわされているといえばよいのだけれども、実はそれだけであれば宗教にはなりません。これでは、たんに人間の理想であるという以上のものではありません。だから、これまで話したのは、実は宗教における非宗教的な側面についてです。これだけであれば、宗教というものは、それほど大きな害悪をもたらすものではなくて、むしろ人類にとって非常に有益であっただろうと思います。

宗教の神学的（超越的）本質

ところが、宗教にはもう一つ別のものがあります。この別なものが非常に問題なのです。これが人間に非常に大きな害悪をもたらしたのです。というのは、神が人間の理想であるだけなら、神と人間の差というのは、個人と人類の差であって、量的な差があるにすぎません。ところが、信仰している人はそうは考えていません。彼らは、神は人間を超越した存在であるというように考えています。そして、今まで話したのは科学の見地からみた場合の宗教の本質についてですが、信仰している人は、神は人間の似姿であるというようには考えません。そうではなくて、人間は人間の本質を、神を通じて与えられるというように逆に考えているわけです。神から、われわれは知恵を与えられ、愛を与えられ、道徳を与えられているのである。したがって、もし神がなければ人間はうじ虫と同じものである。このように、逆に考えるのが、信仰の本質であり神の本質です。したがって、このように逆転して考えるのが信仰の論理であり、疎外の論理です。つまり、実際は人間の本質の客観化されたものであるものが、今度は逆に、神から与えられたものであると考えられるのです。これが疎外です。たとえば、バイブルであれば、はじめに神が天地を造り、太陽を造り、いろいろなものを造った後で、最後に自分の姿に似せてアダムを造りました。そして、アダムのあばら骨から、イブを造りました。この場合には、人間は神の似姿であるというように、逆に考えられてくるのです。これが信仰の論理です。

この神は人間を超越した神です。われわれが、いかにしてもそれに到達できない、絶対の力を持ったものです。したがって、人間の本質的側面と人間を超越した側面の二つをあわせ持ったものが宗教です。しかも、後者の方が優越しているのが宗教の宗教たるゆえんです。神は人間を超越したものです。人間は神から恩寵としていろいろな人間的性質を与えられるのであるというように、逆に考えられるわけです。この場合に、この神はいったいどこから来るのでしょうか。

超越神の自然的源泉

あらゆるものは、すべてその源泉は地上にあります。したがって、神が出てくるには、それなりの理由があるわけで、やはり地上的な源泉が存在します。一方の神は人間の本質から出てきているけれども、他方の神は人間の本質から出てきているものではありません。すなわち、この超越的神は、人間の無力感から出てくるのです。では、このわれわれの無力感がどういうところから出てきているかといえば、われわれを圧迫するものを考えてみるとわかります。この源泉は一つは自然の法則であり、もう一つは社会の法則、つまり社会的あるいは政治的抑圧です。現在では、自然科学が非常に発達してきたから、われわれは自然の脅威というものよりも、人間が作りだしたものからくる脅威の方が大きな位置を占めてきています。しかし、いろいろな自然の存在が、それでもやはりわれわれに障害となり弊害を及ぼしています。まして、以前であれば自然に対するわれわれの科学の水準というようなものが非常に遅れていました。今のように、急速に科学の発展がおこなわれたのは、過去、三〇〇〜四〇〇年であって、それ以前の時代の人間は、病気に対しても、伝染病に対しても、その他いっさいの自然の災害に対しても非常に無力でした。というのは、自然はわれわれの意識から、われわれの意識とは無関係に、それ自身で独立に存在しているからです。意識から独立ということは、われわれがそれを認識するしないにかかわらず、客観的に存在しているということです。このような存在とその法則が客観的に存在しているのです。だから、われわれはこれに対して勝手気ままに振る舞うわけにはいかないのです。つまり、われわれから独立な自然があるため、その自然による人間に対する圧迫があるのです。これが、人間に無力感を呼び起こすのです。

超越神の社会的源泉

もう一つの無力感の源泉は、社会の法則というものがどこにあるかわからないところにあります。社会というものにはどのような必然性が支配しているかといえば、現在であれば、資本の運動法則です。おそらく経済学の講義で聴いていると思いますが、資本の運動法則というものは、われわれの思いどおりには動きません。現在では、ずいぶん社会の法則も認識されているにもかかわらず、必死になって防衛してもやはり不況というものはやってくるし、ドル危機というようなものも起こってきます。そして、あらゆる者が戦争を欲しないのに、嫌いでも戦争をしなければなりません。そして、別に急に人間の心が改まったわけではないのに、ベトナムから米国が手を引きだすようになったのも、やはりドル危機というような経済的必然性がその背後にあるからです。このように、資本の経済的な運動法則というものは、われわれの意識からやはり独立に変化しています。不況が来れば多くの倒産、失業が起こるし、非常に多くの悲惨なことが起こってくるわけで、このようなこともわれわれを無力にします。さらに、われわれを無力にするのは現在でもそうですが、古い時代においてはいっそうそうであった、人間の人間に対する抑圧です。このようなものは、それぞれの個人の意識とは独立に、客観的に存在している法則です。この法則を認識することによって、われわれがこの法則を思う方向へ推進する場合には、現実に対してわれわれは自由を持ちます。しかし、この法則を認識しておらず、なおこの法則が道徳的必然性という形をとって語られている間は、これに対してわれわれは無力を感ぜざるをえません。

意識から独立な法則が運命（神の摂理）として映ずる

以前は、このような無力感は、運命とか、神の摂理とかといったものとしてわれわれに反映されていました。このような法則に対してわれわれが全然無力である場合、運命などというような形をとってわれわれに反映してくるわけです。われわれは、個人それぞれ自由に目的を持って行動しているのですから、したがって、社会というものをわれわれが自由に作っているように思います。しかし、実際はそうではなくて、われわれ個人の行動の全体からは、誰も意識しないような結果が生まれ、それが社会法則として客観的に支配しているのです。この法則をわれわれが認識していない場合には、宗教的な形で反映されて、神が導き人間はそれについて考えたとか、あるいは、人間が行動し、神はこれを導いたというように、神の摂理とか神の法則などといわれるのです。このように、われわれの内部に無力感を呼び起こしているものは、意識から独立した存在とその法則です。これが自然および社会における物質的な法則なのですが、われわれがそれをまだ認識していない時には、われわれはそれに対して絶望感を持たざるをえないのであって、したがって、ここから無力感が起こります。

無力感は基本的には階級抑圧から生ずる

とくにこの場合注意しなければならないのは、人間にこのようなはかない気持ちを呼び起こすものは、自然の抑圧ではないということです。そうではなくて、人間の人間に対する抑圧なのです。階級的な、あるいは国家的な抑圧というものが、人間に世をはかなむ気持ちを起こさせるのであって、自然の抑圧というものはむしろ人間を非常に勇敢にするものでもあるのです。

たとえば、原始人の特徴の一つとしてあげられるのに、彼らが非常に勇敢であり、また、意志が非常に強固であるということがあります。現在のわれわれのように意志が弱いのとはちがうわけです。これは原始人全体の持っている一つの特徴として考えられています。ついでに述べておきますと、原始人の特徴は非常に威厳があるということです。ところが、現代の、あるいは一般の階級社会の人間の特徴は非常に卑屈なことです。「卑屈のあるところにはかならず王制がある。王制のあるところにはかならず卑屈がある。この両者は手の表裏のようなものである」といわれますが、王制には階級支配があるわけです。ところが、原始人の場合には、氏族共同社会と呼ばれている共産社会ですから、階級支配がなく、だから非常に自由心が強くて堂々としている、つまり卑屈さなどがないといわれています。原始人の特徴としてあげられているもう一つのものは、非常に民主的な性格です。すなわち、公の義務というものを自分自身の義務として考えるということです。つまり、公の、共同体の義務と自分の義務の間を区別しません。ここからも、民主主義というのは、エゴを、自分の個人的なものを主張することではないということが非常によくわかります。原始人の場合にはエゴイズムはないわけです。ここで原始人の特徴としてあげられている勇敢であるとか、あるいは非常に意志が強固であるといったことは、当然考えられることです。というのも、われわれは自然のいろいろな抑圧に対しては、あまりに強い力がかかってきた場合には無力感を呼び起こされるけれども、たいていの自然の力に対しては、むしろそれになんとか対抗していこうという人間の意志が呼び起こされるからなのです。たとえば、われわれは熊を生け捕ってきた人間に対して、熊を生け捕ってきてけしからんとは誰もいわないのであって、非常に賞讃します。

このように、人間に非常に強い無力感を呼び起こすのは、階級支配であって、世をはかなむということから宗教が発生しているわけではありません。このことは、原始人の宗教に対する関係をみれば非常によくわかります。原始人が猟に行く場合には、まず神に祈ります。そして、もし獲物がない場合には、その神を役に立たない神であるとして殴りとばします。これは世をはかなむというところから生じた神とはちがいます。

無知と無力が奇蹟の神を生む

ところで、無力感が源泉となっている場合には、人間は非常に無気力になり、しかもわれわれが窮乏しているような状態にある時には、そこからなんとかして免れたいという切なる願望を持ちます。このような願望は、当然奇蹟に対する要求となり、この要求が神を生みだすのです。したがって、この神の特徴は当然に非合理となるわけです。このような非合理なものを信じることを信仰というのです。信仰というのは、何らかのことに熱中して、われを忘れて、自分を犠牲にして行動することではありません。確信ではあっても信仰ではありません。ところが、「非合理なるが故にわれ信ずる」というのが信仰であって、信仰でなければ奇蹟を信じるわけにはいきません。奇蹟が神の特徴です。

このように考えると、われわれに無力感が強ければ強いほど、自然あるいは社会の法則に対して無知であればあるほど、神を頼む気持ちは強くなるのです。とくに、このような神頼みがいちばん端的にあらわれるのが、たとえば大阪の場合には、株の値上りです。株屋というのは精神宗教であるような宗教をあまり信仰しません。そうではなく、生駒の聖天であるとか信貴山とかへお参りに行きます。彼らには株の値上りというのはわけがわからないから、したがって絶えず不安があるから、ともかくもこの不安を救ってくれる神が必要となるのです。能勢の妙見というのはずいぶん妙な神ですが、あのようなものがはやるのも一つは株の関係からであろうと思います。

このように非合理から起こる信仰にもとづくのが超越神ですから、この神は人類に対して非常に大きな弊害を及ぼしています。この神はまさしく非合理な神です。だから科学と一致しないということはすぐわかると思います。

信仰の道徳と人間的道徳

非合理と科学というものとは絶対に一致しません。それから、信仰の道徳というものと人間的道徳というものも絶対に一致しません。というのは、道徳は、一定の目的に達するための手段、この目的への道になることですから、信仰の道徳において、人間がどのような場合にいちばん信仰に到達するかといえば、人間的道徳がいちばん低い時です。人間的道徳が低ければ人間は信仰におもむきます。少し金ができて心配がなくなってくれば、神のことを忘れるのは、誰でも体験していることと思います。このように、われわれが無力であればあるほど、神を信仰するようになるのですから、したがって神に到達するためには、まず第一に、貧乏であることが必要です。それから、禁欲が必要です。たとえ貧乏であっても性欲に満足していると神を忘れるのであって、したがって禁欲の方も欠くべからざるものです。さらにもう一つは無知です。これらのものが、神に到達するための手段、すなわち、信仰の道徳になるわけです。だから、あまりに賢くて、いろいろ文句をいう者は信仰に到達し難いと坊主が嘆くのは、このためです。信仰のためには、金のないこと、禁欲であること、それから不安が常にあることがまず必要です。これだけあれば信仰におもむきます。したがって、貧乏、禁欲、無知がそろえば、人間は不安がその本性になります。これらが信仰では最高の徳に数えられています。たとえば、カトリックの場合には、非常にはっきりしています。修道院というところでは、まったくの禁欲で、常に神のことを考えています。そして知恵なぞ全然いりません。というのは、神のうちにすべてを持っているわけですから、いろいろな知識は必要ないわけです。その他、神聖冒瀆といったような不敬罪が道徳になってきます。このようなものはそれぞれみな辛抱しにくいものばかりですが、人間の道徳とは全然関係ないことがわかると思います。人間の道徳の基礎は、人間に自由を賦与していくところのもの、つまり人間の無力感を解放していくところのもの、すなわち、科学的な真理であるとか、あるいは民主主義の権利の増大のために献身することであって、神の道徳とは全然関係はありません。

愛と信仰との矛盾

また、神に対する献身ということについても、たとえば人類愛というものをとってみても、神に対する愛と人間に対する愛との間には全然共通点がありません。まったく相反します。これが非常に単純な事実であることは、次のことを考えてもわかります。神と人間とどちらが大切であり、どちらが価値があるでしょうか。信仰においては、人間というものはうじ虫のようなものであるし、神は無限に偉大なものです。この無限に偉大なものに対する愛とうじ虫に対する愛とではどちらが重要であるかということは、比較にならないことです。したがって、無限に偉大な神に対して敵であるようなものは当然撲滅すべきものです。だから、現在ローマ法王が世界の「平和共存」を訴えていますが、この平和共存をやっている国の中には中国も入っていればソ連も入っています。このような無神論者の国と仲良くしたり、戦争せずにやっていくべきだというようなことをいうのは、信仰がなくなっている証拠です。本当は、信仰が篤ければ、その信仰を否定する者、神の敵に対しては最大限の憎悪を持つのが当たり前の話なのです。というのは、たとえば恋愛しているような場合、その相手が圧迫されていたり、あるいは非常にいじめられている場合、そのいじめている人間に対して憎しみを感じないような相手は信用できないということはわかると思います。だから、愛というものはかならず憎しみをともなわなければ愛ではないわけです。このように、神に対する愛が深ければ深いほど、神の敵、神を信じない者に対しては、憎悪感を持つのは当たり前です。したがって、かつての宗教戦争において、キリスト教徒がイスラム教徒に対して非常に残虐な行為をしたということは、信仰の論理からすれば当然なのです。「汝の敵を愛せよ」ということは、キリスト教の内部ではそのとおりですが、その外部の者に対してこのようにいう者は信仰のない者です。これに対して、無神論者、唯物論者の愛は、人類的なものであって、この愛は有神論者の上にも及ぶものであって、まったく普遍的なインターナショナルなものです。しかし、信仰の愛というものは狭い、嫉妬的なものです。

権威主義と宗派主義

さらに、これは議論の余地のないところですが、われわれが人間的な理性的な見地に立つ場合には、あらゆるものを堂々たる議論によって決するということができます。ところが信仰の場合には、ここにあるのは非合理的なものですから、ここには権威だけしかないことになります。権威主義とセクト主義が信仰の特徴です。この権威主義は、別の言葉でいえば、官僚主義ということを意味します。したがって、このような非合理主義から、あらゆる権威主義とか官僚主義とか、あるいはセクト主義がでてきます。われわれが理性的な見地に立っている場合には、堂々たる討論によって事を決することができます。というのも、事柄が科学的にみて真理であるか、あるいは人類平等の見地に照らしてどうであるかというようなことを、われわれは非常に明白な基準にもとづいて判断できるからです。ところが、非合理主義においては客観的な判断の基準がないのですから、議論によって事を決するというようなことは問題になりません。だから、非合理主義に賛成していながら、権威主義に反対するなどということは、何をやっているのかわかっていないのです。その点で、実存主義者たちがいかにばかげているのかがわかります。彼らは、一方で非合理主義を主張して理性というものの無力を説きながら、そして非合理主義に対して非常な共感を向けながら、権威主義に反対しています。このようなおかしな話はありません。非合理主義者というのは、権威主義に反対する資格はないし、セクト主義や官僚主義に反対する資格もないということを知っておくことが必要です。

宗教も「実践的」である

さらに知らなくてはならないことは、信仰というのは非常に主観的であるということです。非常に主観的であって、しかも、自分の現在差し迫っている深い深い悩みを即座に解決してくれることを要求するのがその特徴であり、したがってたいへん実践的だということです。主観的で非合理で実践的であるといえば、実存主義のあらゆる性質が全部でていることがわかると思います。

宗教的自己疎外とその克服

人間の持っているあらゆる力を全部吸収して、そして今度はそれが人間を逆に支配する、つまり人間が自分の作りだしたものによって逆に支配される、このような状態にあるのが疎外です。だから、われわれが貧しければ貧しいほど、無知であればあるほど、無力であればあるほど神はますます偉大になります。巨大な神殿が建っているのはだいたいにおいて非常に悲惨な状態の民族がいるところです。このように、疎外においては、人間の本質が外部に出され、これが神に吸収されるので、人間と神の間が完全に切断され、神は超越化され人間から完全に独立したものになります。そして、この神に人間のあらゆる力が吸収されるため、この神に人間が完全に従属するようになります。これが疎外であり、現在よくいわれている疎外の本当の意味です。

宗教の両側面の絶対的非和解性——唯物論と観念論の非和解性

ここで重要なことは、神、すなわち、非合理的なものを承認するのが観念論であり、これを認めないのが唯物論だということです。だから、唯物論と観念論との間には絶対的な対立がありまず。ところが、宗教というものには、この絶対的に対立しているものが一つのものの中に入っているのです。神に対する信仰の道徳、あるいは神に対する信仰の愛と、人間に対する愛とは全然関係のないものです。たとえば、宗教の場合、どのような人が天国に行くかを考えればわかります。現代ではみんな非常に非宗教的になっているので、古い時代を例にとればよくわかるのですが、中世の時代では、非常に人間が良くて、あらゆる点からみても、誰からみても感じの良い善良な人間であっても、神を信仰しない人間はかならず地獄へ行きます。ところが、非常に感じの悪い人間であっても、神のことばかり考えているような人間は、かならず天国へ行きます。これをみても、神の信仰の愛というものが、人間の道徳あるいは人類愛というものとは関係ないことがわかります。ところが、これら二つの全然一致しないもの、つまり非合理的なものと科学的なもの、この絶対的に対立しているものが一つのものの中に入っているのが宗教です。非合理な面を代表しているのが観念論であり、科学を代表しているのが唯物論です。しかも、これらは絶対に一致しないから、かならず対立するという形をとります。観念論の特徴は、人間の本質が神に従属していることです。この従属によって、人間の本質であるわれわれの理性とか道徳性とか人類愛とかいったものが、自由に展開することを抑えられているわけです。したがって、科学と信仰の間の関係というものは、一方が前進すれば、もう一方はそれだけ後退するわけです。だから、神とはこの両方がどちらもより高い立場に高まるといったような関係にはないのです。そうではなくて、一方が前に出れば、かならず他方は後ろに退くという、互いに反比例の関係にあるのが、科学と信仰の関係ですし、人間と神、唯物論と観念論の関係です。

宗教の歴史——超越神の否定と人間的事実の肯定の歴史

ここからわかることは、宗教の歴史というものは、人間的なものが宗教的なものを廃棄していく過程であるということです。だから、宗教がいちばん純粋な形においてあるのは古い時代の宗教においてです。まだ難行苦行や禁欲をやっているような古い時代の宗教が真の宗教であって、肉食妻帯するような宗教とは、堕落した、宗教でなくなりつつあるところの宗教です。だから、肉食妻帯を許したり、科学的なものと妥協をはかったり、まして無神論者と平和共存をいうような状態になってくれば、これは宗教としては自分を否定したということ、ならびに堕落が普遍化していると考えざるをえません。わたしが信仰者であれば、慨嘆久しくするところですが、宗教がこのような形できていることを知っておいてもらいたいと思います。

宗教者の人間的行為と反人間的行為

もう一度いいますと、宗教ではわれわれ人間の本質が外部に出され、この本質が超越神の内部に全部吸収され、神と人間との間の関係が切断されて、超越の関係におかれます。また、人間が貧しければ貧しいほど、われわれの無力が強ければ強いほど、ますます神が強大になります。ますます豊かになります。これはちょうど、人民の民主的な自覚が少なければ少ないほど、人民が卑屈であればあるほど、ますます専制国家は偉大になり、人民の労働者の抵抗が弱ければ弱いほど、ますます資本は強大な力を持つという関係と同じ関係にあります。本来、人間が自分からつくりだしたものが人間から切り離されて独立の力となり、これが全部非合理なものに吸収され、この非合理なものによって逆に支配されるというのが疎外なのです。この場合、カトリックを信仰している人々、あるいは日蓮宗を信仰している人々の中で、たとえば平和とか民主主義のために非常に献身的に行動する人々があります。このような人々が平和や民主主義のために行動するのは、実は神の中に含まれている人間的本質の部分から発しているのです。たいていの人々は人間的な部分から出ているものを、神学的＝非人間的な部分から出てきているものであると錯覚しています。しかし、本来この二つの部分は絶対に一致しないのです。たとえば、現代ではローマ法王があのようなややこしいやり方をするからわかりにくくなっているけれど、無神論者との同盟が問題になったり、あるいは赤岩栄というような人のように、キリスト教は実は共産主義と同じなのだからというようにいって共産党に入党したりなどすると、これはかならず教会に処罰されます。このように差し迫ったところにいけば、宗教における二つの側面は絶対に一致しないことがわかります。事実、神学的側面の方は非合理です。だから、宗教においては、その人自身は真に人類愛に燃えて行動しているつもりでも、その人の行動を指令するものは神学的側面の方なのです。その人の行動の指令が神の要求とか、独占の要求、あるいは国家の要求とかいったものからきている場合は、その人自身がどんなに真面目であっても、この場合にはまちがいをおかします。たとえば、戦中の特攻隊の場合、「悠久の大義」だからというので命を投げて喜んで死んでいった人々もたくさんいます。しかし、彼らの行動は戦争政策をとった国家の要求から出ているのですから、犯罪的な行為であるということになります。本来、いいかげんな人間というものはたいしたことはありません。信仰というもののいちばん恐ろしい点は、非常に真剣な、真面目な誠実な人々が、信仰においては最も道徳的であり愛情の深いものを歪めるところにあります。このようにみてくれれば、唯物論と観念論がどのようなものであるかが了解されると思います。

政治的疎外としての国家

宗教と同じ疎外の形をとっているのが国家および資本です。今日の社会において、各人はそれぞれ個人的利害にもとづいて行動していますが、同時に共同の利害があります。ところで、国家においては、たとえば水道であるとか、道路であるとか、財政とか、または大蔵省とか外務省、あるいは運輸省とか厚生省とかという社会の共同の利害であるものや、これを遂行すべき機構をすべて国家の中に吸収しています。これが国家の特徴です。役所へ行けば、あらゆる戸籍であるとか教育であるとか、ともかく人民の共同の利害に関係あるものがみんな吸収されてあります。だから、国家というものは、本来は人民の要求、共同の利害を実現するのがその仕事です。ところが実際には、この国家というものはその時代の支配的な階級のうちに全部吸収されてしまい、人民が国家の前にまったく無力な状態にさせられてしまいます。国家が宗教と同じ抑圧の形態をとるということが、おわかりと思います。

もう一度いいますと、国家というものはそこに住んでいる住民の全体と共同の利害に関係のあるものをすべてその手に吸収しています。だから、われわれは国家の中にわれわれ自身の社会的本質、つまり人間の本質を持っているわけです。ところが、国家は人民から切り離されて、人民の上に支配している支配者の手の中に握られています。つまり、国家が支配者に握られているため、国家は人民との関係を切断し、逆にわれわれを圧迫するものとなります。これもやはり疎外です。ここにおいて、国家は人民の利害とは切断された特殊な利害を追求するため、暴力なしには人民に対して抑えがききません。このように暴力によって支配の秩序を押しつけていくのが独裁（ディクタテュール）と呼ばれているものです。この奪われたものをもう一度人民の手に取り返す運動が民主主義の運動です。だから、国家の性格と神の性格というものは同じであることがわかります。

経済的疎外としての資本

同じことは資本についてもいえます。資本とは何かといえば、人間の労働の所産、人民の所産です。資本というものは、同時に商品であり貨幣です。そして、機械や原料はすべて商品であり、労働力も商品です。これらはみんな労働の所産です。つまり、資本というのは蓄積された過去の労働なわけです。したがって、資本もやはり労働の所産であることには変わりありません。だから、資本としてあらわれている生産手段は、当然、社会の所有、つまり労働する人民の所有であるべきです。ところが資本はやはり人民から切り離されて、私有財産として独立の力となります。したがって、神と同じように、人民が無力であればあるほど資本は強力になるし、人民はこれに対して頭があがらなくなります。このように、資本もやはり疎外です。だから、この資本としてあらわれる社会的な生産手段を人民の手に取り戻し、人民の社会的所有にすべきであるという要求がかならず起こるのです。この要求を実現させるのが社会主義であり、同時に人間の回復とか人類の解放などと呼ばれているものです。

疎外の克服と人類の進歩の基準

このように国家や資本というものを考えてみますと、それらの中には、一方には特権的な側面と、他方には人類平等の側面があることがわかります。この特権と人類平等とは絶対に一致しません。ちょうど神に対する信仰の愛と人間に対する愛、あるいは科学と非合理的なものが絶対に一致しないようにです。ですから国家の自由といわれますが、それは支配者の特権をその基礎においた自由です。これと絶対に一致しないのが平等を原則とする人民の自由です。平等と特権は一分子の共通点も持たないので、この対立を解決する場合には、結局国家そのものを廃棄する以外にないわけです。それから、資本の場合も同様です。搾取というものと労働者の利益というのは絶対に一致しません。資本と賃労働は絶対の対立であって、資本家が非常に慈悲深くて労働者に妥協するというようなことがあれば、その資本家は没落します。非常に慈悲深くて、労働者の給料を上げたり、あるいは福利厚生施設にあまり金をさいていると、それに金をさかない資本家よりも利潤が減っていき、利潤が少なければ競争に負けるのです。利潤の少ないようなものには銀行も金を貸してくれないわけです。したがって、彼が資本家として生き残るためには、搾取を強化せざるをえないのです。

このような神を人間に解消する、国家を人民の手に解消する。あるいは資本すなわち私有財産を社会的所有に解消する。これがわれわれの自由の前進を意味します。これが人間の解放、人類の解放、人間性の回復と呼ばれているものです。つまり、われわれの本来の本質であるものが外部に出て、それが逆にわれわれを圧迫するような状態を、本来の状態に引き戻すのが人類史の課題、目的です。これがわれわれの進歩の基準です。

以前の時代にくらべて現在どれだけ進歩したかを測る基準の第一は、自然に対する人間の支配の増大です。これは、自然の法則を認識することによって可能となります。現在では、自然科学が非常に発達したので、古い時代には圧倒的に存在した自然神というようなものはすでになくなっています。今、雨を降らす神とか、悪い目を治すために神の目に触れると治ると信じられていた神とかを信仰している人は、君たちの中にはいないと思います。ところで、べつだん人が、今月、今日以降、雨を降らす神を廃止すると決定したわけではありません。決定したわけではないのですが、いつの間にかなくなってしまったのです。つまり、このようにいつか知らぬ間になくなっていくのが宗教の特徴です。われわれの生活に実際の脅威がなくなってくれば、つまり、日常の生活が豊かになってくれば自然に忘れます。信仰深い人でも、お金に困ってくると一生懸命に神を祈るが、少し豊かになってくると神を忘れています。このようなことは基本的には、自然に対する人間の支配力の増大、すなわち自然科学の発達によります。

人類の進歩の基準のもう一つは、民主主義の発展です。過去の人間より現在の人間の方が悪くなっている、だから道徳的な見地からみて人類史は進歩とはいえない、あるいは進歩はありえないとよくいわれますが、民主主義という点からいえば絶対に進歩しています。たとえば奴隷にくらべれば農奴はずっと前進しているし、農奴にくらべれば第三身分といわれたブルジョアジーも含めた人民ははるかに大きな民主主義の前進をしているし、同じ資本主義の中でも戦前にくらべれば戦後はずっと前進しています。このように、人間を抑圧している自然や国家や社会機構そのものから解放されるということは、それらに対するわれわれの認識、権利および自覚が増大するということです。この増大がわれわれの世界史の進歩を測る基準です。ところが、現在支配的な思想はこの進歩の基準を否定しています。この思想はまったくのニヒリズムであってすべてのものを否定します。この思想についてはまた後で話をします。しかし、これに対して、われわれはこの世界史の基準というものが非常にはっきりしているということを知っておく必要があります。

疎外と唯物論か観念論かの問題との関係

以上のことを念頭において考えると唯物論か観念論かという問題の意味も了解されると思います。神と人間、非合理的なものと科学的なものの対立、あるいは宗教（信仰）と科学との絶対的な対立をいいあらわしたものが、唯物論か観念論かということです。だから、この二つのものの間に融和というものはありません。一方が前へ出れば、つまり平等が前に出れば、それだけ特権がひっこむのです。科学が前に出れば非合理は退きます。これが両者の関係です。だから、先にもいったように、宗教を信仰していながら、平和や民主主義のために献身する人の行為というものは、人間的本質から出てきているのであって、信仰の立場である神学的本質から出てきているのではありません。また、すでにいったように、存在に意識が先立っているのが観念論です。存在に意識を先立てることとは、この意識の基礎には存在がないということ、つまり物質的必然性がないということです。この場合は、どうしても非合理になります。だから、唯物論とは、徹底した物質的必然性の見地から、つまり科学的な見地からこの世界を把握していくという根本的な立場なり見地なりを意味しています。これに対して観念論の方は、非合理的な立場を意味しています。

観念論的見地と唯物論的内容を区別すること

観念論は非合理的な立場から世界を把握しているから矛盾を含みますが、しかし観念論の立場がそうだからといって、この立場に立つ人が物質的必然性を決して反映できないということではありません。これとは逆に、考え方の基礎としては科学的な立場をとっていても、実際の行動にあたって主観的な願望にもとづいて行動した場合には、彼の行動は観念的になります。たとえ観念論の見地に立っていても、現実そのものを正しく真剣に反映する場合には、そこに唯物論的内容が盛られるわけです。観念論の見地のもとに、科学的な、唯物論的な真理を反映している人もあるし、唯物論の見地に立ちながら主観的に振る舞ってまったく観念論者として行動している人間はいくらでもいます。

これがよくあらわれているのが、ヘーゲルとフォイエルバッハの関係です。ヘーゲルというのは観念論者ですが、彼のように客観的な自然および社会の発展法則を広汎に大量に豊富に反映した人はありません。したがって、観念論の見地の下に、科学的な唯物論的な内容を非常に多く持っています。この点では、見地として唯物論の見地に立っているけれども、フォイエルバッハはヘーゲルにくらべるとずっと劣ります。したがって、その人が客観的存在そのものを問題にしていて、それを正しく把握している限りは、その認識に関してはいくらでも共有はできます。

「思想上の平和共存」の誤り

だからといって、われわれが非合理的な見地に妥協しなければならないという理由は何もありません。非合理的な見地に妥協していると、すべてが混乱してくるわけです。「思想上の平和共存」とは、この科学的な見地と非合理的な見地との平和共存をいうのです。だから、この平和共存に反対するということは、現実の行動、現実の認識において共に行動することを妨げません。この区別がはっきりしないために、ある場合には「思想上の平和共存」に陥って混乱し、ある場合には絶対的対立があるのだということによって、非常に狭い、セクト的な排除の態度をとるということが起こってきます。唯物論と観念論については一応これで了解できたのではないかと思います。

二　民主主義について

これまで、哲学の根本問題である唯物論か観念論かについて、そしてこれと関連し、宗教を中心にして疎外の問題を話してきました。この問題を、なぜこんなにやかましくいうかといえば、戦後二五年になるわけですが、この間、人民の間での思想の混乱が非常にひどく、このひどくなった原因の一番基本的なことの一つが、この哲学の根本問題がはっきりしていないことからなのです。これは、たんに日本だけではなく、国際的にもはっきりしていません。さらに、現在、戦後のもう一つの中心問題であって、非常に混乱しているのは民主主義の問題です。戦後の一番の中心である民主主義の概念が非常に混乱しています。そこで、本節では、少し民主主義の問題についいて話そうと思います。

私はこの一週間ほど東京へ行っていて、向こうの書店で、三一新書の『日本共産党はどこへ行く』(一九七一年)をみつけました。少し前に出た本らしいのですが、向こうで初めて気づきました。読んでたいへん面白かったのですけれども、この本もやはり二つの側面を持っています。その前半の方は、理論的に優れた内容を含んでいます。けれども、その後半の民主主義の問題になると、この本を書いた片山さとしという人は、民主主義の問題を第二次大戦後の中心的な、そしてまた日本にとって中心的な問題であるといいながら、この問題について、やはり非常に大きな混乱をみせています。したがって、いろいろな具体的で非常につっこんだ良い意見もたくさん述べていながら、全体として混乱しているし、力の弱いものとなっています。

多数決と少数意見の尊重

民主主義の概念がどれほど混乱しているかは、たとえば、多数決とはどういうことか、少数意見の尊重とはどういうことかといった問題を出してみるとすぐわかります。ふつうは、多数決が民主主義的決定であると考えられていますが、そうすれば多数派はいつでも民主的であるということになります。たとえば、多数決が基準となっている場合、会議などにおいて多数派を占める側は少数意見の尊重といっても、その意見をまじめに聞く必要もありません。ただ相手をしゃべらせておくだけであって、いずれ決をとれば決まるのですから、いいたいだけいわしておけば気が晴れるだろうということです。かならず負けるのが決まっている場合には、少数派はばかばかしくておれません。いくらいっても、いうだけで負けるに決まっているのです。この場合、少数派のすることは分裂する以外にありません。もし、少数派の方が真理であるなら、多数決が民主主義であるということで、多数派の決定に辛抱しているのはよっぽどの場合であって、普通なら辛抱できません。少数意見の尊重といっても、要するに一定の時間だけ討議をつくすということであり、最初から勝負は決まっているのです。この場合、少数派の方は「決定」を多数の横暴といいます。多数派の方は、事実、少数派がしゃべっていても、眠っていればよいわけです。そして、もう意見も出つくしたようですが、それでは採決に移りますというようにいえばよいわけです。だから、民主主義はただ多数決であるといっている場合は、自民党と同じことです。また、この場合、少数派は民社党であって、かならず第二組合をつくる分裂主義になります。このように民主主義の概念は非常に混乱しています。

「集団認識」論の誤り

それから、民主主義について誤解が非常に大きいのは、「集団認識」ということについてです。「集団認識」というのは、多数の者が集ったらよい意見が出てくるということです。そして、みんなにいろいろな意見をいわせれば、あらゆる者に発言させれば、それが民主主義であるかのように思っていることです。私自身、以前に名前は忘れましたが非常に民主的な会議に助言者という形で出たことがあります。そこでは、全部の者に、一人一人、職場での自慢話、苦心談をいわせます。それについて何か意見をいうと、少し黙っていて下さいという紙がかならずまわってくるわけです。この会議の司会者は、このように各人にいわせて、それに従ってやることを民主主義であると考えているわけです。しかし、このような考えは、本当は民主主義と全然ちがうものです。各人に意見を述べさせ、だいたいみんなに共通したところに従ってやる場合、全体でやったことがまちがわないという保証がどこにあるのでしょうか。そして、まちがえた場合、誰が責任をとるのでしょうか。こういう「集団認識」においては、私が司会者であったり、あるいはその場の指導者であるとすれば、私は非常に楽です。というのも、みんなが考えてくれるのであって、私はみんなに意見をいわせて全体でだいたい一致したところで行動すればよいからです。しかも、もしまちがった場合も、私には責任はないということは非常にはっきりとしています。私はただみなさんの意見に従って行動しただけであって、私の方に責任はないのですといえばよいのです。この場合、どこに責任があるかといえば「集団認識」をやった一般大衆にあることになります。これでは一億総懺悔と同じことです。このようなことは、民主主義とはちがうということが、わかっていないのです。

それから「集団認識」に関して、多くの人間が集まって、わいわいやればよい知恵が出るように思われています。たとえば、「三人寄れば文殊の知恵」であるというようにいわれますが、これはちがいます。実際には、百万人の人間が集まって、それでアルキメデスの原理が発見できるかといえば、そうではありません。アルキメデスの原理を知っている者一人と、それを知らない人間百万人が集まった場合、どちらが賢い判断ができるでしょうか。この場合、この原理を知っている者一人の方が優れた判断を持つのははっきりしています。したがって、「最大多数の最大幸福」、あるいは別な言葉でいえば、最大多数の最大真理というものは、何か民主主義であるかのようにいわれていますが、これは民主主義とは何の関係もないということを知っておく必要があります。

ルソーの民主主義

とくに民主主義の概念の混乱が激しいので、われわれはこの概念を知るために、民主主義を非常にはっきりした形でいいあらわしたフランス革命時代の考え方に立ち返って考えてみる必要があります。この時代、民主主義の考え方について、国家の考え方についていちばんはっきりしたことをいった人の一人は、ルソーです。このルソーがあるべき国家について、民主主義についてどのようなものを構想しているかということをみれば、いろいろなことがはっきりしてくると思います。だから、ここでは『社会契約論』の簡単な要約を示しておこうと思います。

ルソーの『社会契約論』は、「天賦人権説」とか「人民主権説」というようにいわれて、フランス革命の原理になったものです。彼の国家説はいうならば社会契約説です。この時代の特徴の一つは、社会と国家とをまだはっきりと区別していませんから、ルソーの国家説は国家契約説ともいわれます。彼はまず、あるべき国家を考えます。ルソーは、現にある事柄を正しく判断するためには、それがいかにあるべきか、どのようにあるべきかを知っていなければ、現にあるものをどのように改革していけばよいのかわからない。あるいは正当な判断はできないといいます。彼は、このような理由から、あるべき国家を考えます。

彼はまず、国家というものは自然に由来したものではない。そうではなくて、これは契約に基礎を置いている。つまり合意にもとづいている。あるいは人間の意志の所産である。われわれの合意にもとづくところのものがあるべき国家であって、この点で自然状態とは異なる、といいます。

事実問題と権利問題の区別

ここでルソーは、まず事実の問題と権利問題、理想の問題とを区別しています。われわれは普通には、科学的とは、事実をありのままにみることであるかのように考えています。そして、何でも歴史的に述べていけば科学的であるかのように思っていますが、このような考えは本当に科学的だとはいえません。科学的な判断というものは、あるべきものについての判断、つまりそのものの本質についての判断がなければ、事実についての正当な判断はできないということです。

シェイエス『第三階級とは何か』

シェイエスの『第三階級とは何か』という本があります。これはルソーの『社会契約論』を、フランス革命の直前に、その時の状態にもとづいて具体化したものです。この第三階級とは第三身分、つまり、貴族と僧侶以外のブルジョアジーと農民をも含む人民全体のことです。この本の題は本当はもっと長いのです。『第三階級とは何か？　それはすべてである。今日までこの第三階級の政治的地位はどんなものであったか？　ゼロである。それは何を求めているか？　そこでそれにふさわしいものになることを』。ここで、「ふさわしいもの」は何かということを、彼は例をあげて説明しています。現在のあらゆる産業はすべて第三階級が担っている。だから、あるいはいろいろな拘束においても、国家の拘束においても、その主なものはみな第三階級が負っている。そういう意味で、国家および産業のあらゆることをやっているのはすべて第三階級である。だからすべてなのだ。ところが、そこにおいて重要な地位についているのは全部貴族である。つまり実際はゼロである。だから、このすべてであるものは、当然すべてであるべきである。シェイエスはこう主張しています。

これは非常に革命的な宣言です。当時のフランスにおいては、特権者である貴族とか僧侶とかは、何ら国民を代表していない、だから、こういう特権的な連中は全部排除すべきであるという内容です。一七八九年の夏にフランス革命が起こっていますが、これはその直前の一月に発表したものであり、ルソーの人民主権の思想をずっと前面に押し出した非常に大胆な発言です。われわれはすべてでなければならないのに実際はゼロである。だからすべてであるべきだという宣言です。ここで、シェイエスはやはりルソーと同じように、理想像をいっています。

われわれは事実を深くみている場合でも、ただ事実をみている時には、何が正しくないのか、何が重要でないのか、あるいは何が将来発展させなければならないものなのか、何が排除されなければならないのかという判断はできません。だから、事実ばかりをやっている人間というものは、現実追随主義者であって、このような現実主義者というのは実は無批判的なのです。これは後にも問題にしますが、重要な点です。このような無批判的な者は科学的ではありません。それに、重要なものと重要でないものとの区別をはっきりしません。このような者は理論的ではありえません。本当に理論的であり、科学的であるためには、また本当の意味において批判的であるためには、まず原理、原則がはっきりしていなければなりません。この原理、原則は、すべてのすぐれた思想家、理論家がかならず問題にするものですが、現在はこれが忘れられています。

「穏健主義」批判の意味——政治家と哲学者

ところが、フランス革命の時には、原理原則という点を非常にはっきりといっています。それでこの本を引っぱり出したのです。これは次のようにいっています。どこへいっても私は例の穏健主義者達に出会うけれども、そして彼らは真理に向かっては、一歩一歩進むべきだと主張する。このようなことを語る時、彼らはどういう意味でいっているのか私には疑わしい。彼らは政治家の歩みと哲学者のそれとを混同している。政治家は進みうるから進む。正道を踏みはずさない限り世人は喝采する。しかし、その進む道は徹頭徹尾哲学者が開拓すべきものである。哲学者はその終点に立っていなければならない。そうでなければ、その道が目的地に到達する真の道だと断言することはできないと。

当時、フランスは啓蒙時代といわれていたように、政治家と哲学者とが重要な意味を持っていました。哲学も政治に劣らぬ重要な役割を演じていたのですが、ふつう、穏健主義者は一歩一歩進むべきだといいます。しかし、これは政治家のやり方であって、哲学者のやり方ではありません。穏健主義者は、政治家のやることと、哲学者のやることとを混同しているのです。政治家というのは非常に具体的な状況を判断して、そしてその状況の下で可能なことをやっていくのです。ところが、哲学者というのはそうではありません。哲学者は終わりに立っていなければなりません。そうでなければ、政治家のたどっている道が正しいものであるかどうかを判断する基準がなくなります。だから、シェイエスは、自分はこのあるべき道を断固として主張するのだ、穏健派のように一歩一歩といって目的もはっきりしないままでは、どこへ行くのかわからないではないか、だから自分はこれを主張するのである、といっているわけです。

このように、目的を持たないで事実の後ばかりくっついていくのを、追随主義といいます。労働運動では「実践がすべてである。究極目標は無だ」という有名な言葉があります。これはベルンシュタインの言葉ですが、目的はないのだ、実践がすべてだというようなことを、普通実証主義といいます。ルソー、あるいは一般にすぐれた思想家はそうですが、事実の後にくっついていく、あるいはそれに振りまわされるやり方はとりません。そうではなくて、ルソーは、あるべきものを築いていかなければ、今たどっている道が果たしてどこへ行く道であるかどうかわからないではないかといっています。このようにあるべき見地から与えられたものを批判的に取り扱う、これが対象の主体的把握ということです。対象の主体的把握ということについては後でもっとくわしく説明するつもりですが、これはあるべき客観的な見地から現にあるものを批判的に取り扱い、この現実をあるべき方へどんどん前進させていくことです。しかも、これは主観的な意図によってではなく、必然性に従いながらということが入っています。いずれにせよ、このような理想をはっきりさせない、本質をはっきりさせない認識なり実践なりは実証主義であるということをまず知っておく必要があります。

なぜこのようなことをいうのかといえば、このような原則をはっきりさせた基本的な態度というのが、民主主義にとっての前提であるからです。民主主義というのは、ただいろいろな人が、いろいろな意見を集めてその尻尾にくっついていくこととはちがうということです。まずはっきりと原則を示す、そうしないと、現在あるものについて、どこが良くてどこが悪いかの判断ができないということが重点なのです。

暴力的国家と理性的国家

ルソーはこのように原則をはっきりさせる観点から、真の国家はいかにあるべきかを問題にしていったのです。つまり、合理的な国家、この国家の構成原理をルソーは問題にしているのです。この場合、彼は国家というものは暴力によって立つのではない、暴力的な国家に対して、われわれは服従の義務はないといっています。このような国家はただ物理的な力で抑えているだけで、これに対してわれわれは服従の義務はなく、ただ理性的なかくあるべき国家に対してのみ絶対的な服従の義務を負うというようにルソーは考えているわけです。だから、義務や権利が問題になるのは、理性的に構成された国家についてのみです。

国家が理性的である場合、ルソーは、国家は譲渡であるといいます。譲渡というのは、ゆずりわたすという意味です。商品においては自分の作ったものをみな他人に譲り渡すのですが、これと同じように、国家というものもまず譲渡によって成立するのです。（譲渡というのは疎外という意味です。商品を譲り渡すことを aliénation といい、これは疎外と訳されています。だから疎外という言葉は、ルソーから出ているといってよいと思います。）つまり、われわれは自分が持っているすべてのものを国家に譲り渡します。この場合に、どのような譲り渡し方をするかといえば、各人はすべて平等でなければなりません。これは当たり前の話です。生まれながらにして身分の差があったり、財産上の差があるというようなことはおかしな話です。譲渡においで、すべての者が理性的に納得できるような状態を考える場合には、全員が自分の持っているものを全部、何一つ自分に保留するものがなく、自分の財産から権利まですべてのものを、共同体に譲り渡し、それによって、今度は自分の持っているものを何一つ失うことがないことを保障される必要があります。このような場合にのみ、各人は誰にも従属しないで、ただ自分自身にのみ従属し、しかも自分自身何ものも失うことはないような状態がつくりだされます。

たとえば、財産をとってみると、ルソーは次のように考えています。財産を全部国家の手に譲り渡す。この場合、国家は共同体として考えられているので、財産は社会の共有の財産になる。というのは、個人の財産というのは共有の財産なのであるから。そこで、社会は法的に公共の財産を管理し保障する。この場合、以前の自然状態では自分の力で何とか守っていたものを、今度は共同体によって法的に保障されたものとして確保される。ただしこの場合に重要なことは、各人が法的に財産の確保を保障されたのは、社会の公共の財産の保管者としてであって、勝手に財産を処分してもよいのとは全然ちがうということである。各人が持っているものを、自分のものとして独自に残しておくことは特権になる。そうではなくて、自分のものをすべて何も余すところなく国家（社会）に移す。そして、各人が共通に守るべき規則に従うことにおいて、自分自身の個人的なものを全部確保する。しかし、この場合にはあくまでも共同の利益に従い、それに献身するものとして各人の持っているあらゆる権利が保障されるのである。ここで国家というものは、社会のすべてのものの持っている共通の真の意志を表明しているものであるから、これこそまさに人民主権である。ルソーは、このようにいっています。自分のものを譲渡する場合、これは自分のものであるとして、残すものがあってはいけません。残す場合には、それが特権となるのです。全部を移譲して共同の利益を追求し、共同の意志に従うことによってすべてのものを保障されるということに対しては、文句はいえないわけです。この場合には、誰に従属しているのでもなくて、自分自身に対して従属しているのです。すなわち、自覚的に自分自身に従うのですから、自律です。

一般意志と全体意志

ルソーは、国家を一般意志と呼んでいます。そして、非常に重要なことですが、この一般意志と全体意志を区別しています。全体意志というのは特殊意志です。よく人類というものを問題にする場合、地上に住んでいる個人全部を集めれば人類になるのではないかという人がありますが、これは全然ちがっています。すなわち一般意志と全体意志は原則がちがうのです。一般意志の場合は、共同の利害が目的となっており、人類の平等が原則なのです。われわれすべてのものが、生まれながらにして平等であり、自分の良心に従って生きる権利があります。そして、この権利を表現する自由を持っています。つまり、思想、言論、出版、集会、結社の自由というものは万人が共通に持っている権利です。これらの権利は、人類平等というところから必然的に導き出されてくるところのものです。自分はこれだけいう権利を持っているが、おまえはこれだけしかいう権利を持っていないといったような差別はないのです。自分が自分の権利を保障されれば、他人にも同じだけのものを認めるということは、人類平等の原則から必然的に出てくるものです。このように人類平等の原則から必然的に出てくる原則というのが、ルソーの考えている、客観的な絶対的な理念なのです。そして、国家というものは、この理念を代表している限りは、その権限は絶対的なものです。これは、別ないい方をすれば、人民主権にほかなりません。

あらゆるものは、社会の、共同体の共同の利害を追求するものとして、人類平等の原則に従って一般意志を実現するように努力しなければなりません。だから、国家の要求は、こうすべしという命令形で出てきます。これは、君たちも知っているカントの定言命法、すなわち、かくすべし、しかもあらゆる時代を超えて、あらゆるものに妥当する普遍性と必然性を持ったカントの道徳意志と同じものです。カントはフランス革命の原則をドイツの言葉に翻訳したのだ、とマルクスはいっていますが、このルソーの一般意志が、すなわちカントの道徳律なのです。この命令は、あくまで国家意志、つまり一般意志に従って、すべてのものが献身しなくてはならないという命令を含んでいるのです。そして、この献身によって、国家はその人間の持っているあらゆる権利を保障するのです。さらに、個人がバラバラに持っていれば非常に不安定であるものが、共同体の意志によって法的に保障されるのですから、いっそうその保障は確実です。これがルソーのあるべき国家の意志、すなわち一般意志です。

ところが、全体意志の方は一般意志とはちがいます。全体意志は特殊利害に妥協するものです。したがって、それは特殊意志です。一般意志ではなく、特殊意志を代表するものであり、特殊利害を代表するものです。だから、これは常に特権を考えています。このようなものは、たとえ一定の期間、全体の賛成を得られても、一般意志とは全然ちがうものです。というのは、何らかの機会に、偶然の機会に全体が一致するということはありうるからです。だから、全体意志は客観性や普遍性を持たないものです。つまり、このようなものはたんなる特殊意志以上のものではありません。

そこでルソーは次のように主張します。一般意志だけが、本来の意味における民主主義の原則である。だから、多数決というのは何ら真理の基準ではないし、民主主義の基準ではない。というのは、全体がまちがうということもありうるし、多数でまちがったことを決定することもありうるからである。だから、多数決というのは、たんなる特殊意志であって、このような意志の集まりは何ら客観性を持たないものである。ところが、一般意志は人類平等という原則から導き出されてきた原則であるから、たった一人で主張された場合でも、それは人類の意志である。これにもとづくところの判断、決定だけが民主的な決定である。

民主主義、アナーキズム、ファシズム

ルソーの主張するように、民主主義の原則は一般意志にあるのです。一般意志の原則は人類平等です。しかも人類の共同の利害のみが問題になっています。これの発展した形態が社会主義です。これに対して、全体意志の方は、現在のありのままの姿ではアナーキズムであり、それが発

展していくとファシズムに到達します。この論理は、次のことを考えてみるとわかると思います。全体意志の場合には個人が基礎になり、特権の自由、あるいは個人の自由が問題になっているわけです。ところが、一般意志の方は、人類の自由が問題になっています。人類の自由は、明らかに基本的人権をその内容としています。一方は個人の利害が問題になり、他方は、人類の利害、人類の権利が問題になっています。

全体意志の方は、およそ民主主義とは関係がないということは、次のことを考えてみればわかります。たとえば、君たちの中で、AならAという一人の個人、あるいは特定のグループが完全に自由であるとします。このAが自分の特殊な利害について、あるいは個人のエゴの勝手であることについて完全に自由であるためには、B、C、DはAに完全に服従しなくては、Aの自由は成立しません。これは非常にわかりやすいことです。また、たとえば君たちが家の中で自分勝手なことをしてもそれが通り、自由勝手に振る舞いうることのためには、君たちの家にいるすべての人がみな君たちの意見に従わなければ、その自由は通らないのと同じです。したがって、このような特殊な利害にもとづくところの自由は、他人の絶対的服従を前提にして初めて可能になるのです。だからこの場合には、この人間が下っぱである時には不足ばかり述べ、自分がいったん上へあがると、下のものを完全に抑えつけることになります。したがって、これはかならず後にファシズム専制に行き着きます。実際に、全体意志は専制です。ふつう、欲望の自由といわれているものが全体意志を基礎にしており、これは自然状態であるとルソーはいっています。このような非理性的な状態においては、各人のエゴイズムが支配しているのであり、このような状態というのは、実際はアナーキズムです。ここでの自由は、他人の自由を絶対に抑圧するところの自由であって、一切の法を否定します。

ところが、本当の民主主義というのは、これとはちがいます。各人はかならず相互に、おまえは勝手なことをするなというように反撥します。そして、お互いが、他人も自分もすべてが守らなければならない規則があります。そこで、A、B、C、Dみんなが守らなければならない共通の規則を外へ出すのです。これが民主主義の一般意志です。だから、この一般意志というのは、個人の勝手気ままなことを絶対に許しません。これが民主主義なのです。ところが、ふつう、自然状態を、何か欲望の自由を、そして個人の自由ばかりを主張するのが、それが民主主義であるとばかり思っています。この場合には非常な混乱が起こるわけであって、戦後の場合には、民主主義とアナーキズムを区別する原則を持たなかったところから問題が起こっているのです。この点については、次にもう少し話したいと思います。

第三講

史的唯物論は何を問題にするのか

本講で問題にしていくのは、世界史は階級闘争の歴史であるということです。世界史はすでにいったように科学と民主主義の発展の過程です。しかし、科学と民主主義は、だんだんと順調に発展していくのではありません。これらは、非合理的なもの、宗教とか国家とか資本とかの人間を疎外しているものとの闘争を通じてのみ発展するのであって、この闘争を抜きにして科学や民主主義の発展をいうのは話になりません。つまり、階級闘争を抜きにしては、科学や民主主義の発展はありえません。

ところで、この階級闘争において、科学的な真理とか民主主義の発展が、われわれの言葉でいえば理性的なものがかならず勝利するということについての必然性があるかどうかの問題があります。ここで理性的なものといっているのは、科学と民主主義の基本的な諸原則、基本的人権といえば理解されると思います。これが実際に勝利していくということは、簡単なものではありません。理性的なものが実現されていくためには、まず神を相手にしなくてはなりませんし、国家も、それから資本をも相手にしなければなりません。これらのものを相手にしながら、自分自身の道を切り開いていくわけであって、これは非常な困難が伴うということは誰が考えてもわかると思います。

この場合、めざす理想はなるほど結構であるが、その実現の保障はあるのか？　もし、その保障がなければ前途は非常に暗くなるわけで、この場合には、われわれは再び無力感にとらえられて、始まりに逆もどりしてしまいます。そこで、この理性的なものの実現の保障を問題にするのが史的唯物論です。

一　疎外からの解放と人類の進歩

疎外について――復習

この前、疎外の問題を話しましたが、簡単に復習して進んでいきたいと思います。疎外というのは、すでに話しましたように、人間の本質が外部に出され、それが人間から切り離される、切り離されて、人間の持っている力が全部そこに吸収されてしまい、人間が逆にそれに支配されるということです。

宗教的疎外からの解放

人間は、各個人としては制限があるものだけれども、人類としては完全です。この類としての人間が外部に出されたのが、人間の理想としての神です。神の本質は人間の本質なのです。しかし、この人間の本質が、人間から切り離されて、人間から独立な存在、超越神に全部吸収されてしまいます。だから、人間が貧しければ貧しいほど、神はますます偉大になります。これが宗教の神学的本質なのです。この神の本質は、人間の無力感からくるということは、すでに話しました。本来ならば、個人と人類との関係を出ない人間と神との関係が、人間を超越した関係になります。この超越した存在である非合理的なものの中に類的なものが全部吸収されてしまい、逆に、この超越存在によって人間の類的性質が与えられ、これによって支配されるというように考えられるのです。これが宗教の特徴です。

この超越した存在としての神と人間的本質は絶対に一致しません。非合理的なものと科学的なもの、神に対する愛、信仰の愛と人類愛とは全然別なものであって、一分子の共通点もありません。神の信仰にもとづく道徳とは、禁欲とか貧乏とかであって、人間の道徳とは別のものです。ところが宗教においては、われわれが人間的なことについて討議し、人類愛を持ち、道徳的に行為するということは、神に到達するための、たんなる手段なのです。このような、人間をたんに手段化し、人間を支配する神を完全に否定し、宗教の中で抑圧されている人間の本質を全面的に回復することが、宗教からの人間の解放であり神からの人類の解放です。

政治的疎外からの解放

同じことは国家についてもいえます。国家というものは、社会に住んでいる人間に共通な共同の利益に関係しているものを、全部国家の手に吸収してしまいます。つまり、役所の中には、市民なら市民、府民なら府民、あるいは、国民なら国民の共同の利害に関係のある一切のものが吸収されています。そして国家はみたところ国民のためにあるかのように思えるけれども、実際はそれが完全に国民から切り離され、特定の階級のための道具になってしまっています。そして、人民が政治的に無力であればあるほど、ますますこの国家は強大な力を持ってきます。このようにして人民のためにあるところの国家が、今度は、人民が国家のためにあるというように逆になってきます。この場合、国家の特質というものは暴力にあります。身分制度とか、財産的な特権とかいうものは、本来不合理なものですから、その不合理なものを維持していこうと思えば、やはり暴力なしにはやっていけないのです。これが、ふつう国家における独裁的な側面といわれるものです。すなわち、暴力機構です。たとえば、警察とか軍隊とかいうものが独裁の機能にあたっているわけです。以前には、「泣く子と地頭には勝てない」といわれましたが、この地頭は、収税権、警察権力、裁判権などを持っていました。このようなものが国家権力なのです。したがってこの暴力機構を徹底的になくすことによって、国家に吸収された人民の本質、社会の共同利益を人民の手に取り返す運動が民主主義運動なのです。このように、国家も神と同じように、一つの疎外形態です。この人民の手から切り離されて特定の階級の支配の道具に転化しているものを人民の手に取り返すのが、疎外（国家）からの解放です。すなわち、民主主義です。

資本が疎外の基礎である

資本の場合も同じです。資本もやはり、人間の社会的労働の生産物であって、本来人民のつくったものです。ところが、この社会的生産――社会的生産手段あるいは生産力――が、人民から切り離されて、特殊な私有財産として、特殊な人間の所有物になるのです。そして、人民が無力であればあるほど、資本の力はますます強大になります。人民のあらゆる力が全部資本の中に吸収され、そして、資本に対して人民がまったく従属するといった状態になります。これもやはり疎外の形態です。

ところが、ふつうよく疎外といわれますが、疎外のいちばん基本的な意義については、実はほとんど説明されていません。なるほど、大きな機械、大きな社会機構、あるいは、官僚機構というようなものの中に個人が埋没して、砂粒の大衆になっているとか、あるいは、全体が見通せなくて不安や孤独であるとかいったことも疎外の一つの意味ではありますが、疎外のいちばん基本的な点は資本なのです。資本が疎外形態の基本であるという点がほとんど説明されていないので、とくにいっておかなければなりません。この場合、人民の手から切り離された社会的生産力を人民の手に取り返すには、私有財産そのものを廃止しなければなりません。生産手段の私的所有を、社会的生産手段として人民の手に取り返す運動が、社会主義なのです。

「全体的人間の回復」論の誤り

したがって、神・国家・資本というものを、実際に人民の手に取り返すということは、今度は、人民自身がその理性によってそれらを自分の支配下においていくことです。これが自由ということですし、人類の世界史の目的なのです。だから、人間性の回復という場合には、たんに全体的人間、全面的人間の回復などをいくら強調してもなにもなりません。そうではなくて、いちばん基本的なことは、神・国家・資本をはっきりと強調することであり、このことが疎外からの解放の基本なのです。神からの人間の解放とはどのようなことをいうのかは、神を生みだしている原因を考えるとよいわけです。神を生みだしているものは自然の法則に対する人間の無力感です。それから、社会の法則に対する無力感、政治的抑圧に対する無力感があります。これらは、自然科学および社会科学、さらには民主主義を発展させていくことによって克服されていきます。すなわち、自然および社会に対する人間の目的意識的な支配力を増大させ、国家機構を人民の手に取り返すということが、人間の解放ということの意味なのです。人類解放とか社会解放とかいわれる場合の内容は、この疎外からの解放ということなのです。

疎外の三形態の関係

ところで疎外の三形態が、同じ比重で重要なのではありません。いちばん基本的なのは、現在ではやはり資本です。経済的疎外がいちばん基本的なものであって、国家という形態においての疎外、あるいは神という形態での疎外は、経済的な疎外から起こってくるのです。

神は忘れられる

神と国家は、自然に、つまり、いつなくなったかわからないという形でなくなっていきます。宗教というものは、われわれの命令でなくそうと思っても、なくなるものではありません。そうではなくて、自然科学が発展し、社会不安がなくなれば、神というものは自然に生活の中から忘れられていくものなのです。以前にあった雨を降らす神とか病気を治す神とかという自然神は、自然神の廃止ということをいった者は誰もいないけれども、現在ではみあたりません。今でも、「生長の家」とかいうのがありますが、それもやはり社会不安があるからです。諸君は、雨を降らせる神とか五穀豊穣の神とかいうのは忘れていると思います。ですから、宗教は自然になくなっていくものなのです。

国家は眠りこむ

国家もやはり、自然に、いつなくなったかということがわからないうちに、なくなっていくものです。しかし、注意しなければならないことは、国家は、階級社会、つまり階級社会の最後の段階である現在のブルジョア社会では、絶対になくならないということです。ここでは、国家は強力になってくるいっぽうです。

資本は革命によって廃止しなければならない

したがって、この国家をなくすということのためには、すなわち、国家を死滅に向かわすためには、まず資本そのものを廃止しなければなりません。ブルジョア社会機構そのものをなくさなくてはなりません。国家が死滅し始めるのは、つまり、自然に長い間になくなっていくという形をとるのは、社会主義の国家においてであって、資本主義のもとでは国家というものは絶対になくなりません。資本主義のもとにおける国家は、経済的な私有財産と搾取にその基礎をおいているので、この基礎は勝手に、自然になくなっていくというような性質のものではないのです。平和的な形態であれ、戦術面では暴力的な形態であれ、革命なしには資本というものはなくなりません。ここで平和的な形態というのは、たとえばゼネストのような合法的手段を使った形態のことです。現在では、民主主義が増大すればゼネストというところまでいきますし、この力は、たんにヘルメットをかぶったり、ゲバ棒を持ったりするのとはちがって、非常に強大な力になります。このような力の背景なしには、革命もまた不可能です。革命によって、社会主義の国家において階級がなくなると国家は死滅し始めます。そして、自然に対する支配力が増大し、社会不安が解消していけば、神も自然に忘れられていきます。

人類の進歩の基準

要約していいますと、疎外からの解放とは、人類の解放という意味であって、これが世界史の真理の基準なのです。世界史の真理というものをはっきりさせておくことは、現在のように、真理というものはない、進歩というのは意味がないというようなニヒリズムが支配している時代には、とくに必要です。また、現在では社会的進歩という言葉がさかんに使われるけれども、この進歩という言葉の内容をはっきりさせる必要があります。すでにいいましたように、科学を発展させ、民主主義を発展させ、もう一つつけ加えていえば、人間の個性を豊かにする、これが世界史の進歩を測る基準です。しかし、これらを実現するためには、まずなによりも、生産手段そのものを社会の所有に移さなければなりません。これらが、人類の進歩を測る基準といえます。この場合、進歩とか発展とかいわれる場合、進歩とは概念上たんなる変化とはちがうということを知っておく必要があります。たとえば、ある人が、松に竹をつぎ、竹に梅をつぐという場合、これは変化だけれども、この時には発展とか進歩などとはいいません。発展とか進歩、成長などがいわれるためには、全体を通じて一貫しているものがその基礎になくてはなりません。たとえば、松が成長したといわれる場合、松は双葉からだんだん成長していくのですけど、そこには松という性質が貫いていなければなりません。世界史における進歩といわれる場合も、世界史を通じて一貫しているものがなくてはなりません。これがなくては、どれだけ進歩したかということを測る基準がないことになります。この基準が、科学とか民主主義とか、さらには生産の社会的所有なのです。そして、これらの拡大と獲得に向かって進むことが歴史の進歩という概念なのです。この点をはっきり理解しておいてほしいと思います。

二　啓蒙主義と空想的社会主義

人間悪の起源

ここでまずはっきりさせておかなければならないことは、人間は社会的環境によって規定されている、環境の産物であるということです。これは誰も否定できないことだと思います。そうだとすると、この世界におけるいろいろな人間悪というものをなくそうと思えば、それを生みだしている社会関係そのものを変えなければ、それをなくせないというのは当然出てくる結論です。

それで、一ついっておきますと、よく人間の本性は善であるとか悪であるとか聞かされます。基本的な点についていえば、人間はそれほど悪に生まれついていないということがいえると思います。この場合、善とか悪とかいう場合、それを区別する基準がなくてはなりません。すでにいいましたように、世界史の進歩の基準に沿う行為、すなわち人類の幸福に役立つ行為、いいかえれば、人類的な社会の利益に沿う行為が善であると一般的にいえます。これに対して、人類の利害に反して自分の利益を図る場合、その行為は悪です。だから、善悪の一般的基準というものは、社会の利益になる、つまり人類史の進歩の基準に沿うものであるかどうかにあります。そしてまた、ちょうど人間の体が病気をするようにはできていないように、少なくとも病気にかかってもそれを治す性質を持ったものとして、ノーマルな状態では健康が維持されるようにできているように、人間というのは本来反社会的に生まれついてはいません。すなわち、人間は本来社会的な存在として、その存在にふさわしい善良な性質を持っています。しかし、一定の社会関係のもとでは、悪が人間の本質といわれるようになるのです。

資本主義とエゴイズム

たとえば、資本主義社会のもとでは、社会と個人、社会の利益と個人の利益が完全に分裂し、絶対的に対立しています。というのは、資本主義の特徴は、無政府的な自由競争であって、「万人の万人に対する闘争」がその本質なのです。これは商品経済一つとってみてもすぐわかります。売る方は高く売ろうとするし、買う方は安く買おうとし、お互いに相手を打倒することによってのみ自分の生存を維持し、自分の利益を拡大することができるのです。成功者というのはどのような人間をいうのかといえば、同業者を打倒し、その得意先を奪って没落させた人間のことです。他人の没落が自分の発展の条件になり、自分の没落が同時に他人の発展の条件になります。このように、万人が万人に対して敵対しているのが資本主義社会なのです。というのは、すでに経済学で習われたと思いますが、資本主義社会においては、生産は大部分は分業でおこなわれており、本来社会的生産です。しかし、生産は、個人が無政府的にそれぞれの責任負担によっておこなっています。したがって、資本主義社会では、自分の作ったものが、はたして社会にとって必要であるかどうかは、商品交換に出してみないとわかりません。ところが、さきほどいいましたように、商品交換の社会、貨幣経済の社会というのは、「万人の万人に対する闘争」が原則です。したがって、資本主義社会においては、自分のことを第二にして、他人のことのためにやっていれば、かならず没落することとなります。だから、「人をみれば泥棒と思え」とか、「生き馬の眼をぬく」とかいわれたり、「正直」という場合には、たいてい「馬鹿」がその上につけられて、ほめられているのか、くさされているのかわからないことになります。このように、善良さというのは資本主義社会では不適当な性格であって、生き馬の眼をぬくというのがお互いの関係なのです。君たちの周囲を見渡しても、どの人間もエゴイストばかりであるということはだいたいおわかりと思います。お互いに他人の不幸を喜んでいるのです。このような社会においては、社会関係によって人間はエゴイストたらざるをえないようにされているのです。

道徳の問題は社会関係の問題

だから、ここからわかることは、道徳の問題は社会問題であり、社会関係の問題であるということです。それは、直接には政治問題であり、さらには、社会機構そのものの問題であるということです。もしも、社会の利益と個人の利益とが本質的に一致する、すなわち社会の利益を図ればそれだけ自分の利益になり、自分の利益を図ることが同時に社会の利益になるというように社会機構そのものがなっていれば、道徳というものは全然お説教などしなくても自然に実現されるのです。

資本主義社会では道徳的行為の源泉がわからない

ところで、資本主義社会においても、本来われわれは社会的に生産している、すなわち相互に依存しあって生活しています。ところが資本主義社会では、みんなエゴイストたらざるをえませんから、相互に依存しあっているという側面はほとんど頭に入らないで、お互いが敵対しあっている面だけが前面に出てくるのです。そこで、われわれの道徳的行為、人類的行為というものが、どこから発生するのかわからなくなるのです。これは、「各人は自己のために、神は万人のために」というブルジョア社会のスローガンに示されています。つまり、現実に生きている人間はそれぞれ自分のために存在しているのであって、神が万人（人類）のために存在しているということです。このようなことが生じるのは、われわれが道徳的に行為する場合、その道徳的な行為、社会的な行為がどこに原因を持っているのかわからないからです。したがって、人間というのは畜生のような存在であり、悪のかたまりのようなものになります。これに対し、われわれの道徳性は天上の神によって与えられるということになるのです。この考えは、社会と個人が分裂していて、類的な道徳的なものが個人と完全に切り離されて、神に全部吸収されているような社会機構のもとでは、必然的に生じるのです。ところで、人間における社会と個人の自己分裂、ならびにそれにもとづく神の発生は、まだ資本主義的階級対立が前提されていない、小ブルジョアがお互いに小商品生産をおこなっている段階でも避けがたいのです。

カントの倫理説

このような、人間における社会と個人の分裂を思想において表現したのが、すでにお話ししましたルソーやカントの道徳説です。ルソーの場合、彼が「自然状態」として考えているのは、現実のブルジョア社会の個人主義的側面なのです。これに対し、彼はあるべき理性的な国家を対置しています。しかしルソーは、この場合どうして理想と現実とが一致するのか、どうして理想的なものをこの地上において実現できるのかということには答えていません。

カントの場合も同じです。カントもやはりブルジョア社会のイデオローグですから、人間というものは本質的に利己的なものであり、幸福欲に従って行動するのは動物と同じであると考えました。彼も人間の本性は悪であるという思想に立っています。カントの倫理説を簡単にいいますと次のようにいえます。人間は、この現世において、現世の必然性に従って行動する限りは——必然性に従って行動するということは、カントの場合、欲望に従って行動するということです——まったくのエゴイストです。つまり動物と異ならないのです。ところが、人間には、動物とちがってエゴイストであってはならないと抑えてくる行為があります。たとえば（カントのあげている例）、ある貴族が、人民を痛めつけ、そこから財産を奪おうとして、この人を罪に陥れようとします。そこで、この貴族は、この人を罪に陥れるためには、偽証を必要とするため、別の男に偽証を迫ります。偽証をすれば、この男に、莫大な褒美と今後の生涯のあらゆる栄誉を保障する、もしも命令に従わない場合にはひどい目にあわすと脅します。この場合、男は現実には恐れてなるほどいわれた通り偽証するかもしれません。しかし、人間のうちには、そうしてはならないという道徳的強制力が当然存在するはずです。たとえ現実には命令に従って偽証をおこなったとしても、しかし、拒否しようと思えばできないことはないという気持ちは依然として残るはずです。このように動物ならばその欲望だけに従って行動するが、人間にはこれを抑えてくる行為があります。この抑えてくる行為が道徳的行為なのです、と。

道徳的行為を神にもとづけるカント

ところで、この道徳的な行為がどこから出てくるかが、カントにはわかりませんでした。だから、彼は、地上の必然性の世界とは別な世界——物自体の世界——、簡単にいえば、神の世界から道徳的行為はやってくる、したがって、人間はこの自由の世界で、地上の必然性から切断され、これとまったく無関係に行為するものとして、自由な行為をおこなう、そして、この自由な行為にわれわれの道徳性があるのだといっています。この意味から、人間はこうした道徳的に行為するものとしては、神の世界に属している。したがって、人間は半分は動物で半分は神、つまり天使である。神と動物の中間物が人間である。これがカントの思想です。このようになると、人間の人間たるゆえんは、神から賦与されるということになります。

本当は、われわれの道徳性は、われわれの社会生活に基礎があるのです。これは古い時代ですと非常によくわかります。古い時代には、その人間が恥ずかしくない立派な行動をする理由は、家の名誉、都市の名誉、藩の名誉という、自分の住んでいる土地の全体の利益のためであるということをみな知っていました。しかし、資本主義社会においては、お互いにアパートのようなところに住んで、まったく隣の様子がわからず、しかも、他人の不幸と窓を境にして暮らしています。このように、バラバラになっているところでは、われわれの道徳的行為、社会的行為というものがどこから来るのかわかりにくいわけです。そうすると、道徳は神から与えられるのだという考えが出てくるわけです。このようなカントの理論は、自由と必然を完全に分離させた二元論として有名です。

主観的道徳説と道徳の客観的基準——意図の純粋性の限界

そこで問題になってくるのは、われわれの理性的な人民主権の理想、共和国の理想（ルソー）や、人類的な人間の本質、道徳的本性、道徳的自由（カント）を、どのようにしてこの地上において実現していくのかということです。ルソーやカントのような二元論の見地に立っていると、理想と現実、自由と必然、理論と実践がまったく分離してしまいます。だから、カントは理想が、道徳的自由が実現されるということは、ただ「考えることができるだけだ」といったわけです。

カントは、善意志というものは、われわれがなんらかの具体的な目的を持つと、かならず地上のものと結びついて道徳と純粋さが損なわれる、だから、道徳が本当の意味において絶対的・純粋に道徳的であることの基準は、ただひたむきな善良な意志だけであるといいます。その人の心情にどのような汚いものも含んでいない純粋なものであれば、人間は道徳的に善であるというのがカントの考えです。このカントの道徳説は主観的な道徳説といわれます。

ところが、現実的に考えてみますと、ただ意志が善良であるだけでは不充分だということはすぐわかります。つまり、個人的な利害というものを全部排除して、まったく純粋に行動した場合、それで道徳的に良いかどうかということになれば事情はちがってきます。たとえ気持ちの上でどんなに純粋であっても、状況を考慮しないで、むちゃくちゃな行動をやったという場合、逆に、人類の理想の実現に対して、非常に大きなマイナスの結果を与えることが起こります。最もわかりやすい例をあげますと、戦時中の日本兵は、当時の日本民族のために自分の生命を犠牲にして喜んで行動したとされています。この場合、カントの基準からいえば、主観的意図については非難の余地がありません。ここには、どんなちょっとした個人的なものも、利己的な打算もあったとはいえません。しかし、世界史の発展の基準からみれば、彼らの行為は犯罪的行為であるということになります。

したがって、われわれが本当に道徳的であろうと思えば、たんに主観的な意図が善良であるというだけではまったく不充分であり、その意図にもとづいておこなった行為が、世界史の、人類の発展の進歩の線に沿ったものでなければ、つまり、結果がよくなければ、まったく逆のことになるのです。そこで、われわれが真にこの世においてわれわれ自身の生涯を無意味なもの、犬死にに終わらせないためにも、また、実際に効果が上がり、着実に確信を持って行動できるためにも、われわれの善良な意志、理想というものを現実に実現しうることの保障を持たなくてはなりません。この保障もなしに、ただ主観的な善良な意志だけで行動する場合には、逆の結果になるわけです。

到達不可能な理想

カントの場合でいいますと、理想というのは現実と切り離された無限の彼方にあります。われわれは無限にこの理想に向かって接近していきはするけれど、しかし絶対に到達することはありません。このような理想では、まともにはそれに向かってやっていきにくいことになります。それで、この理想は非常に結構なものだ、しかし、それは理想であって、現実は現実だ、地上にいる場合には地上のことを考えなければならないということになります。つまり、実際には理想とか道徳とかが一つの飾り物、ごまかしにすぎないような結果になるのです。

啓蒙主義と人間の本性

カントやルソーが理想を実現しようとする場合、何を基準にして理想を考えたのかといいますと、彼らは、まず人間の本性は何かということから考えました。そして、人間の本性はかくかくであるから、したがって、実際の社会もかくかくでなければならないと考え、このあるべき社会でもって現実の社会を批判するのです。そして、あるべき社会へ行き着くために、その理想を知っている人、つまりエリートが、理想などを知らない人を導いていくということになります。この考えは、よく知られている言葉でいいますと、空想的社会主義です。あるいは、もっと一般的には啓蒙主義といわれているものです。啓蒙主義は、理想と現実のつながりを問題にしないで、人間の本性とは何であるかを考え、それに従って理想の社会を頭の中で考えます。そして、これによって、現実の人々を理想に向かって引っ張っていきます。このようなものが高じてくると、思い上がったエリート主義が出てくるものです。啓蒙主義は、理想が実際に世界史の必然性と結びついていませんから、空想的なものになります。これが社会主義と結びついてあらわれた場合には、空想的社会主義という形をとったのです。これでは、結局のところ成功の保証は何も存在しません。

空想から科学へ

私有財産が存在し、搾取が存在し、非常に強力な物質的な力を背景にした政治権力がある場合には、理想を実現するためには、それだけのしっかりした見通しがなければ、われわれは確信を持って行動することはできません。これは、この理想と現実、つまり自由と必然、理論と実践をいかにして統一するかの問題です。ここで、われわれはマルクスに向かっての道、すなわち、空想的社会主義から科学的社会主義の道へ入るわけです。しかし、その前に、空想的社会主義とか啓蒙主義が含んでいる欠陥をまずはっきりさせておく必要があります。この自由と必然の二元論によって世界史を理解する場合に陥る重要な欠陥があります。これについて話しておこうと思います。

人間は環境の産物であり、しかも環境は人間がつくる（人間と環境の相互作用）

この二元論は次の形であらわれます。第一のテーゼ——人間は環境の産物である。すなわち、人間がどのようなものであるかということは、その環境がどうであるかということによって規定される。これは、誰も否定できない命題です。第二のテーゼ――環境は人間によってつくられる。これも否定できない命題です。結論――人間というものは、一方では環境によってつくられるとともに、他方、環境をつくっていくものである。つまり、歴史はつくられるとともにつくるものである。一方は必然の領域であり、他方は自由の領域である。

ふつうはこのような結論によって何か問題が解決したように考えがちですけれど、これでは問題は全然解決していないのです。この第一テーゼと第二テーゼの矛盾は、啓蒙思想家が全部陥った有名な矛盾です。まず、人間は環境の産物である。だから、人間がどうであるかということは環境によって規定される。つまり、思想は社会環境によって規定される。そこで、では新しい環境というものは、どうしてつくられるかということが問題になります。新しい質的に異なった環境というものが発生するためには、人間が環境をつくっていくものなのだから、まず新しい思想が発生していなければならない。とすると、古い環境に従って古い思想が生まれるが、新しい社会環境がつくられる場合には、これをつくる新しい思想がすでに発生していなければなりません。そうすると、新しい思想というものはどこから発生したのかということが今度は問題になります。ところで、最初の前提に従えば、人間がどのような思想を持ち、どういう人間であるかは環境に依存することになります。つまり新しい思想が発生するためには、まず新しい環境がつくられていなければならない。だが、新しい環境が発生するためには、新しい思想が生まれていなければならない。そこで、新しい思想が発生するためには、まず新しい環境がつくられていなければならない。

これは非常にわかりやすい矛盾だということがおわかりと思います。だから、「人間が環境から規定されるとともに、環境をつくる。したがって、歴史的必然とともに、人間がこの必然を新しくつくるのだから、歴史の自由創造もある」といって、それで問題が解決しているように思っているけれど、これはとんでもないまちがいだということがおわかりと思います。

新しい価値理念の無からの創造

この問題について非常な誤解があるのでもう一度いいます。新しい環境がつくられるためには、新しい思想、別な言葉でいえば新しい価値理念がまず出ていなくてはなりません。そこで、新しい価値理念が生まれるためには、なんらかの新しい環境がなければなりません。そうでなければ、新しい価値理念は無から出てきたことになります。だから、この矛盾を説明しようと思えば、われわれの自由創造を「無からの創造」によって説明するか、この矛盾に陥ったままでいるのかどちらかです。

新しいものは無から出てくるなどということは、説明にはならないというのは理解されうると思います。無からなどというのは、新しいものの発生を、まったく非合理的な虚無的なものに依存させることです。無からなどというのは、教祖でもなければできないことです。つまり、天才が急に思いつくことだということです。このような考えを野放しにしておくと、社会革命だけでは不充分で、人間革命が必要であるということになります。新しい思想の発生、新しい価値の創造ということをやかましくいっているのが創価学会です。創価学会の創価とは、新しい価値をつくるということなのですが、しかし、どこからこの価値が出てくるのかは説明ができません。それで、日蓮か誰か知らないが、教祖に頼らなくてはなりません。これが、つまり、無からの創造なのです。本当にわれわれが理論的・理性的にものを考える場合には、この新しい思想の発生を無からの創造にもとづかずに説明しなくてはなりません。

だから、「自由と必然の相互作用」「人間は環境から規定されるとともに、環境を規定する」というような、両方の相互作用にもとづく説明は、まったくごまかしの説明であって、最も幼稚な理論だということをまずはっきりさせておいてほしいと思います。

三　空想より科学へ

人間の行動ぬきに社会の法則はない

しかし、この場合に注意してほしいのは、人間・社会の場合と自然の場合とは非常に異なるし、人間と環境の関係の問題は社会科学の前に出された、最も難しい問題だということです。社会の場合には、人間の行動ぬきにしては、社会の存在も法則もありえません。それは、ちょうど分子の運動なしに物理的存在や物理学の法則がありえないし、動物の運動なしに生物学の法則がないのと同じです。この場合、人間が分子や動物と異なる点は、人間は自由行動、つまり、目的を持って行動するということです。目的を持って行動するという面があるから、社会の場合に、必然性の概念がわかりにくくなったのです。

意図や願望から独立な社会の法則

なるほど人間は自由に社会をつくっているつもりです。つまり、目的を持ち、それにもとづいて行動しているわけだけれども、しかし同時に、かならずしも自分の思いどおりにならないことも知っています。だから、ふつうわれわれの自由行動の背後には、この自由行動そのものを規定する必然性があるということも、早くから感じられていたわけです。これが、運命とか神の摂理として唱えられていたものです。これは、「神は導き、人間はそれについて考える」とか、「人間は行動し、神はそれを導いた」とかいう言葉によってあらわされています。各人は、非常な利己心にもとづいて、あるいは非常に高い道徳的な感情にもとづいて、自分の目的をめざして全力をあげて情熱を燃やして行動します。しかし、その各人の行動の結果からは、誰しも予期しないような結果が、社会的存在の場合に常に生じてくるのです。

たとえば、現在の例をあげていいますと、ベトナム戦争の原因を、アメリカの独占資本家たちが残虐な人間であるということにあると考えてはいけません。しかし、経済的必然性がある場合には、彼らの主観的意図にかかわらず戦争政策をとらなければならないのです。また、すべての人が不況を欲して生産活動をやっているわけではありません。しかし、不況はかならずあらわれてきます。

このように、われわれ人間の意識的行動の背後には、意識的行動そのものを支配する必然性があります。この必然性を科学的に把握するということに、社会科学の任務があるのです。別な言葉でいいますと、自由と必然の統一ということです。もしも、われわれの行動が人類の解放に向かう世界史の必然性に合致している場合には、自由と必然が完全に一致します。この必然性を把握する必要性から社会科学はその歩みを始めました。

王政復古期フランス歴史家の発見──階級闘争の歴史

この必然性の認識が非常に進んだのがフランス革命の後においてです。フランス革命の経験が歴史の必然性に対する認識を推進しました。従来は、特定の人間が、とくに英雄が歴史をつくるというように考えられていました。ところがフランス革命はまったくの階級闘争でした。なるほど、大ブルジョアを代表した雄弁家ミラボー、それに続いてジロンド派が出てきて、ローラン夫人というような人が出てきました。また、ダントンとかロベスピエールとかマラーという英雄も出てきました。しかし、これらの人たちは、相争う階級のそれぞれの代表者として存在したということが、フランス革命の場合、非常にはっきりしたわけです。そこで、この時になってはじめて、歴史をつくるのは英雄ではなく、その背後にあって働いている階級闘争であるということ、ならびに、英雄はその階級の利害を最も良く代表する限りにおいて英雄なのであるということが、フランス革命の経験から実にはっきりしてきたのです。

そして、とくにフランス革命の後になって、王政復古の時代に、ブルジョアジーは、フランス革命は正当なものであり、自分たちは正しかったのだということを証明しようとしました。彼らは、フランス革命の歴史的な必然性とその正当性を証明するため、フランスの過去の歴史からフランス革命にいたるフランスの歴史を研究しました。そして、彼らはこの研究によって、フランスの過去の歴史、とりわけ、以前は国王とか英雄の歴史だと思っていた中世の歴史は、よく検討してみると、すべてが階級闘争である、しかもこの階級闘争の基礎にあるものは何かといえば土地問題である、これがいっさいの政治闘争、あるいは思想闘争の基礎にあるものである、つまり、財産関係がすべての基礎であるということを発見したわけです。だから、従来の歴史が階級闘争の歴史であるということを発見したのはマルクスではないわけです。この点はたいへんまちがいがみられるのでいっておきますが、マルクス自身も、歴史が階級闘争の歴史であることを発見したのは自分ではないといっていますし、レーニンもこのことを非常に強調しています。これはフランスのブルジョア歴史家が発見したのです。

マルクスの三つの発見

しかし、彼らは、それではこの財産関係の変化を規定するものがいったい何かということがわからず、行きづまってしまいました。マルクスが発見したことの一つは、この財産関係の変化の基礎にあるものは生産力の発展であるということ、つまり人類の歴史は労働の発展史であるということです。

もう一つのマルクスの発見は、ブルジョア社会は過渡的形態であって、決して永遠の制度ではないということです。従来のブルジョア思想家、古典派経済学者にしてもヘーゲルにしても、ブルジョア社会というものを動かない社会と考えていました。つまり、過去の歴史はブルジョア社会に到達する歴史であって、このブルジョア社会そのものは、一つの自然な制度である、だから、過去には歴史があったけれども、今は自然があるとして、ブルジョア社会そのものが過渡的な歴史的な形態であるとはとらえなかったわけです。ところが、マルクスは、私有財産そのものを否定する、私有財産のない無産者、プロレタリアートの見地に立ったから、ブルジョア社会そのものに対して根本的に批判的な態度をとりました。

それからもう一つのマルクスの発見は、プロレタリア独裁です。すなわち、資本主義から将来の共産主義、つまり社会主義的生産手段の共有を含む共産主義にいたる過渡期には、プロレタリアートが国家権力を握るプロレタリア独裁の時代というものが不可欠であるということをはっきりさせました。このようなことがマルクスの発見です。だから、歴史は階級闘争の歴史であるというと、何かマルクス主義的なおそるべき思想のように考えるのは、おおまちがいです。

「感性的人間的活動」＝労働

マルクスは、人間の一番本質的な活動は労働であるといっています。では、労働とはどのようなものかといえば、まず第一に、目的意識的活動、つまり理性的活動のことです。ここに、人間が動物と異なる点があります。動物は本能に従って行動します。しかし人間は目的を持って行動します。人間は、蜘蛛の巣や蜂の巣のようなものはつくれないにしても、非常に大きな建造物をつくったにせよ、単純な石器をつくったにせよ、目的に従ってつくるということは、動物にくらべてはるかにすぐれた人間の特質をいいあらわしています。

人間の本質が実感にあると考えている人がたくさんいますので、とくにいいますが、人間を特徴づけているのは理性的なことなのです。実感というのは動物も持っています。実感というのは、寂しい気持ちであるとか、退屈である、嬉しい、悲しいとかいう感情です。また意欲も実感です。このような実感を動物も持っているということは、動物にも表情があるということでわかります。犬でも、嬉しそうな時には尾を振るし、退屈した時にはあくびをします。怒った時には、いまにも喰いつくと思われるような表情が顔にあらわれます。表情にあらわれるということは、犬が内面に喜びを感じており、怒りを感じているから表に出るのです。このように、動物も実感を持っているのです。だから、実感主義者は、一生懸命やっていると、モンキーダンスを踊るようになるのです。このように、実感の礼賛者は、動物主義者だということを知っておく必要があります。だから、絵画の方面では、このようなものを野獣主義といっています。このように、実感主義というものは、人間的なものとはちがうのです。

人間の本質的活動である労働の特徴が理性的であるということに加えて、労働の第二の特徴は、物質的であるということです。つまり、われわれは理性と肉体とを持つものとしての人間であるということです。だから、われわれの基本的な行動とは、理性的にして、かつ物質的な活動、すなわち、労働ということになります。マルクスはこれを「感性的な人間的な活動」といいあらわしています。この場合、マルクスは、人間的という言葉を明瞭に理性的という意味に使っています。したがって、人類史とは、人間のいちばん基本的な活動、すなわち、人間の持っている肉体的なエネルギーと理性的な能力の発現の歴史＝労働の発展史であるというのがマルクスの基本的な考え方です。

一定の社会関係をぬきにして労働はない

しかし、もっと重要なことは、この労働の発展というのは、たんに自然に対する人間の支配力がだんだん発展していくという、牧歌的な形で発展してきたのではないということです。労働というのは、かならず一定の社会関係のもとでおこなわれます。この一定の社会関係をぬきにしての労働というものはありえません。社会関係をぬきにして、最初に個人がいて、その個人が自然に対して働きかけるというような状態というのはないのです。だから、「本質に先立つ存在」というサルトルの主張は、人間の本質（社会関係）を否定したものなのです。

四つの社会構成態

そして、社会関係というものは、特定の形態を持っています。マルクスは、いままでの社会構成体を四つあげています。『経済学批判』の序文では、アジア的生産関係、古代的生産関係、中世的生産関係、近代ブルジョア的生産関係というようにいっています。現在では、これをもっと大きく分けて、原始氏族共同社会、古代奴隷制社会、中世封建社会、近代ブルジョア社会という四つの社会形態を区別しています。

この場合、注意しなければならないのは、この社会形態は、それぞれの本質が全然異なるということです。つまり、それぞれの発展法則がまったく異なるのです。発展法則が異なると、性質がまったく異なります。たとえば、犬と人間とをくらべてみると、食べるものは同じように炭水化物と水と蛋白質と脂肪です。しかし、同じものを食べても全然ちがったものができるのは、生理的構造がちがうからです。社会の場合にも、この四つの社会、原始氏族共同社会（原始共産社会）、古代奴隷制社会、中世封建制社会、近代資本主義社会は、全然性質の異なった社会です。だから、そこにおける人間の本質もそれぞれ異なっています。飯を食べており、恋愛もするから、徳川時代の人間も自分も本質が同じだと考えるのは、おおまちがいです。徳川時代のように、家と家との結婚とか、家中心にものを考えるのがあたりまえのように思って自分を家のために犠牲にしたり、義理人情を、当然人間が守るべき第一のものと考えているような人間と、現在のドライな君たちとは全然ちがいます。

生産力と生産関係の矛盾

そして、ここでいちばん重要な点は、生産力は無限に発展するが、その無限に発展する生産力が有限な社会関係のもとにおいて発展するということです。したがって、有限なものは無限なものをいつまでも自分の内部に含むわけにはいかないのです。つまり社会関係は本質的に矛盾を含むわけです。しかも、生産力は、生産関係に規定されて発展するのです。

ふつうは、生産力と生産関係という場合、生産力がだんだん発展していくと、生産関係が生まれてくる、そして、この生産関係のなかで生産力が発展してくると、生産関係が変わり新しいものが生まれてくるというように考えられています。この場合には、生産力の発展は、生産関係（社会）の外でおこなわれていることになります。技術を発展させていけば社会関係というのは自然に変わるというような考えは、史的唯物論とは全然ちがうものです。このようなものを、一般に生産力理論とか技術史観などといいます。この理論は、技術を発展させ、自然に対する人間の支配力が増していけば、つまり生産力が発展すれば社会関係は自然に変わっていくように主張します。

史的唯物論は生産力理論とは全然異なるのです。有限なものと無限なものとの矛盾というのは、有限なものにおける矛盾という形態をとります。古代社会であれば奴隷所有者と奴隷、中世であれば封建領主と農奴、現在であればブルジョアジーとプロレタリアートという形をとるわけです。この場合、無限なものは労働力一般としてあらわれるのではなく、プロレタリアートという特殊な形態をとおしてあらわれるのです。中世においては、生産力のいちばん基本的なものである人間の労働というのは、人間一般としてあらわれるのではなく、農奴としてあらわれます。したがって、生産力と生産関係の矛盾というのは、生産関係における矛盾という形をとります。つまり、生産力がどのように発展していくか、あるいは、どのようにこの発展が妨げられてくるかということは、すべてこの生産関係から決まってくるわけです。生産力の具体的形態を決定するのは生産関係です。さらに、生産関係の基本は財産関係です。そして、財産関係によって階級関係が決まってくるのです。したがって、階級関係、階級闘争の発展の具体的形態によって生産力の発展の仕方が決まってくるのです。

これとは反対に、技術史観や生産力理論の考え方からいえば、技術を発展させていけば、なにもしんどい階級闘争をやる必要はない、生産技術さえ発展させていけば、自然に社会主義になるということになります。これらの考え方がマルクス主義の史的唯物論とは全然ちがうということは容易にわかると思います。

自分を否定する条件を自分の内部から生みだす

ここで、さきほどの自由と必然との関係の問題に関していっておきます。有限な形態の中で無限に発展する生産力が発展していくという場合、つまり、有限なものの中に無限なものが含まれるという場合には、有限な形態はかならず矛盾を含まざるをえません。この形態が発展すればするほど、これを否定する条件もまた発展するわけです。具体的な例をあげます。封建社会の胎内で生産力が発展してくると、それまでは年貢をとられて農民はみな食べるだけでやっとであったけれど、生産力が発展して、農民にも少し余裕が出てくると、それを商品として売り出すという商品経済が発展してきます。非常におおざっぱにいうと、このようになります。そうすれば、ここから貨幣経済が発展し、当然資本が生まれてきます。このように、封建経済の胎内における生産力の発展は、当然、商品経済や貨幣経済および都市のブルジョアジーの発展を促してきます。つまり、封建経済は、それが発展すればするほど、ますますその封建制度そのものを否定するブルジョアジーを同時に発展させてきます。また、現在の資本というものはプロレタリアートなしには成立しません。というのは、資本の利潤を生みだすものはプロレタリアートだからです。だから、資本主義が発展すればするほど、ますますプロレタリアートをつくりださなくてはなりません。このようにして、資本の発展そのものは、大きいものが小さいものを不断に打倒して、無産者の大群をつくりだしていくのです。ところで新しく生まれてきた無産者、つまりプロレタリアートというものが、従来の階級とちがっている点は、それが無産者であること、つまり、生産手段を持っていないことである。したがって、私有財産というものに対して執着を持たず、必然的に社会主義（私有財産の廃止）を希望するようになるわけです。これが以前の農奴やブルジョアジーとちがう点です。

　ここで知っておいてほしいことは、一定の形態というものは、それが発展すれば、自分を否定する条件を、自分の中から生みだすということです。だから、古いものを外部から否定するのではないのです。無からの創造、虚無からの否定とかいうようなばかげた否定によって新しいものが出てくるのではないのです。あらゆる存在というものは、自分を否定する条件を自分の内部から生みだしてきます。それも合法則的に生みだしてきます。つまり、封建社会は自分を否定する条件としての資本主義を合法則的に生みだしてきます。あるいは、資本主義は、それが発展すればするほど、資本主義を否定するプロレタリアートをますます合法則的に発展させ、成長させていきます。したがって、あらゆる存在というのは、その否定の条件を成熟させることによってのみ発展するという形をとります。これが、あらゆる存在の基本的な形態です。だから、資本主義の場合でも、それが一定の段階に達すれば、自分に否定的なものの矛盾が発生し、同時に、この矛盾を解決する否定的なものが成長してくるのです。あるいは、資本主義の胎内で資本主義の矛盾が発生し、いろいろな社会問題が発生してきます。このような問題が発生してきた時には、すでにそれを否定（解決）する条件が成熟してきていることを同時に意味しているのです。したがって、社会問題というのは、それを否定する条件がすでに成熟してきている時に、同時に起こってくるものなのです。唯物史観の公式を書いた『経済学批判』の有名な序文の中でマルクスはいっています。「だから、人類は自分の解決しうる問題のみを問題にする」、と。

歴史における自由と必然の統一の根拠

このように社会問題というのは、それの解決の条件といっしょにわれわれに与えられるのです。だから、われわれは現在の矛盾を否定して、新しい社会をつくろうと思う場合に、頭の中でつくられるべき社会のことを考える必要はないわけです。そうではなくて、それの解決の条件がすでに現状の社会の内側でつくられているのだから、それをさらに発展させるという方向をとれば良いのです。ところで、まだ発展の初期においては、その矛盾が顕在化しないのであって、生産関係はむしろ生産力の発展に役立ちます。たとえば、封建社会の胎内で資本主義的生産関係が発展してくると、生産力はものすごい勢いで発展します。現在の驚くべき生産力の水準というのは、過去三〇〇〜四〇〇年の成果です。封建時代はだいたい一〇〇〇年くらいどこでも続いているけれど、資本主義の場合にはまるで地面からキノコが出てくるように、ものすごい勢いで生産力を発展させました。これは何の力によるかといえば、資本主義的生産関係の力によるのです。しかし、この生産関係は一定の点まで達すると、ブルジョア社会に固有な矛盾をはっきりあらわしてきます。ところが、その矛盾が発生してきた時には、すでにこの資本主義社会そのものを否定する、つまり、現存する矛盾を否定する否定的必然性もこれまた成熟してきています。否定的必然性が成熟するとはどういうことかといえば、この必然性が実現することを喜んで努力する、またそうせざるをえない人間を生みだしてくるということです。

たとえば、封建社会の胎内でブルジョア的な生産関係が発展し、都市が発展してきます。この場合に、貨幣の前ではすべて平等であるということから、人間の価値というのは生まれつきの身分によって決まるのではない、その人が社会のためにどれだけ貢献するかの能力によって決まるという、個の確立といわれるものが生まれるのです。このような思想は、ブルジョア的生産関係が発展してくれば、必然性に発生してくるのです。そうすると、今度はこのような思想の主張のもとに、古い身分的なイデオロギーやそれを生みだす諸制度を打倒して、新しい共和国を打ちたてようとする努力が必然的に起こってくるのです。しかも、その建設のために喜んで献身的に努力する人間もかならずいっしょに生まれてきます。だから、この現状の矛盾をなくして、新しい社会をつくろうと思う人々は、この否定的必然性とこの必然性のもとに行動しうる人々に依拠すればよく、この必然性を前に進めるように行動すればよいわけです。

理想実現の保障

しかも、この必然性は、古いものを打倒して新しいものを生みだす必然性なのですから、この場合には、現実の必然性と目的である理想の間にはなんらの矛盾もないのです。ここで、理想というのは明日の現実のことです。それは、ただ古い生産関係の内部においてはまだ理想にとどまってはいるが、しかし、それはかならず実現されるという条件がこの内部にあるのです。そして、この条件の必然性が顕在化してくると、これを実現しようという理想が人々の間にかならず生まれてきます。しかも、この理想は必然性に依拠している限り、かならず実現されうる理想であるから、この場合には、理想と現実との間には分離はありません。そして、もし人々が、この否定的な必然性とそれが置かれている具体的な諸条件をはっきりさせ、跳ねあがったり、遅れたりしないで、正しく行動する場合には、彼らの行動は自由と必然の統一そのものです。つまり、自由そのものです。このようなことが、理論と実践の統一ということです。

新たな思想の発生

一定の社会関係のもとで、これを否定する必然性が発生し、これと古い必然性との間の対立が表面化してきます。この場合に問題が提起される、つまりイデオロギーの変化が起こるわけです。

このように、イデオロギーというのは、それ自身で、頭の中で発展するわけではなく、社会的な必然性が発生してきた時、初めて問題として意識されるようになるのです。たとえば、ルネッサンス期のような思想を持つ人が、二、三世紀の時代にあらわれたとしても、そのような意識を受け入れる準備がまだ一般にできていない時には、この思想は全然普及しません。一定の思想が人々の間で大きな影響力を持つのは、人々がこの思想を待望している時、広範な人々の間に一つの必然性として、この思想を受け入れるような地盤が出てきた時に、しかもこの思想を明確に表現した場合に限ります。一定の思想はどのような時代にも影響を持つわけではないのです。したがって、問題というものは、常にわれわれの意識によって生みだされるのではなくて、社会関係そのものから提起されてくるのです。この問題を明確にいいあらわした場合に、その思想が支持されるのです。

思想家の役割

だから思想家というのは、この新しく出てきた問題を、しかもみんながぼんやりと感じ、欲しているいちばん基本的なことを明確に表現する人です。この意味で、天才とか英雄とかは、この新しい必然性を誰よりも強く欲し、それを実現するのに誰よりもすぐれた指導力を発揮する人のことです。しかも、この必然性が成熟しない時、たとえば、天下が太平になり、農民一揆も起こらず、みんなが安堵しているような徳川時代の初期に、人類は平等である、身分制度はけしからんといったところで、なにをいっているのかというだけに終わります。しかし、この封建制度のもとで、ブルジョア的な日本における資本主義が発展してきて、封建制度、いわゆる幕藩体制と呼ばれているものの胎内に、非常な矛盾が起こってきている時には、この幕藩体制を放棄して、四民平等の明治維新に進むべきであるという要求は、みんなの受け入れるものとなります。

人間と環境の関係に関する難問の解決

このように、イデオロギーはそれ自身で発展するのではなくて、問題そのものの必然性によって提起されてくるということがわかります。新しい必然性があらわれてくれば、かならず、それに応じた新しい思想が生まれてきます。ここで人間と環境の関係の問題が解決されます。

さきほどの矛盾——新しい思想が発生するためには、新しい環境がまず成立していなければならない。新しい環境が成立するためには、まず新しい思想がなければならない——は、次のように解決されます。新しい環境は、古い環境の胎内に必然性に生まれてくる。これが発生してくると、これにふさわしい思想が生まれてくる。したがって、この場合には、われわれは思想の変化そのものを必然性において把握することができます。つまり、客観的な歴史の必然性にもとづいて、なぜ新しい思想が発生したのかが明らかにされます。さきほどの説明であれば、新しい思想、この新しいものがどこから発生してきたのか説明できずに、無からの創造といわざるをえませんでした。このような無からの創造というのは説明ではなく、無説明と同じことです。

指導者と科学的政策

われわれにとって一番重要なことは、現存する事物そのもののうちに、これを否定する必然性をみることです。ただし、指導者というのは常にみんなより一歩前にいなくてはなりません。大衆の雰囲気に従って行動するというのでは、指導の責任は果たせないのです。しかし、指導者はまた二歩も三歩も前に出てはいけません。そうではなくて、常に、みんながぼんやり感じ考えているものに、その真の要求を正しく指し示すことが、政治的な指導者の任務なのです。必然性にわれわれの行動が合致した場合、自由と必然が一致するといいましたが、しかし、もちろん現状維持の側の必然性に従う場合には、俗物・反動になるのです。そうではなくて、否定的必然性に従って、それを推し進めるために現在おかれているなかで最大限可能なスローガンを打ち出す場合、すなわち、右翼的でもない極左的でもない正しい政策を打ち出す場合には、犬死ににに終わりません。これはかならず実現されるものであり、政策であり、しかも理想でもあるわけです。そして最も重要なことは、この必然性が経済的側面において実現されるということです。

生産関係の物質性

ところで注意してほしいことは、『資本論』などで扱われている経済的カテゴリー――商品、貨幣、資本、絶対的剰余価値、相対的剰余価値など――つまり、資本のいろいろな形態は、物の関係、法則のみを問題にしているのではないということです。そうではなくて、物と物との関係としてあらわれてくる人と人との関係をいいあらわしているのです。たとえば、商品交換において、商品が自分で市場へ出かけていって他の物と交換してくるというようなことはありえません。かならず、その背後には人間がいるのです。機械も自分で利潤を生みだすというようなことはないのであって、そこにはかならずブルジョアジーとプロレタリアートの関係があるのです。したがって、商品交換、あるいは貨幣を通じての流通とか資本の剰余価値の生産とかは、物の関係をいいあらわしているのではなくて、人と人との生産関係をいいあらわしているのです。

しかも、資本主義の場合は非常にはっきりするが、われわれが自分の労働でつくりだしたものは、いったんこれを市場に投じると、もはや人間の統制を離れて、それ自身の運動を展開する性質を持っています。というのは、資本主義社会では、生産は無政府的におこなわれているからです。この、人間の統制を離れて自己運動するという点が、労働生産物がたんなるイデオロギー的生産物とちがう点です。労働生産物も意識的につくったものです。その意味では意識的な生産物です。これもよく誤解があるのですが、労働生産物と生産関係はちがいます。労働生産物は、われわれの頭の中で考えたプランに従ってつくっているわけです。ところが、社会の生産関係というのは意識的につくれないものなのです。社会主義社会になれば別として、資本主義社会、あるいは過去の社会においては、われわれがつくろうと思ってそれに向かって努力したものとは別のものが実現されてきたのです。これが過去の世界史の基本的な特徴なのです。ところが、労働ということと、生産関係に対する革命的実践ということを混同する人が非常にたくさんいます。われわれが、労働によっていろいろなものをつくるのと同じように、頭の中で勝手に描いたプランによって、とにかく馬力さえかけて暴れまわったら新しい生産関係がつくれると思っている人が多いわけです。

生産関係というものは、労働生産物とちがって、われわれの意識からは独立に変化します。これが、生産関係と労働生産物とのちがう点です。しかし、この労働生産物はふつうのイデオロギー的生産物とはちがって、その基礎はやはり物質的です。なるほど、形は人間が与えたものだけれども、ガラスは物質的なものです。そして、これをわれわれが商品市場に投ずる場合には、今度はわれわれの統制を離れて独自の運動を展開します。この市場をわれわれは支配することはできません。だから、今でも世界の資本は通貨の整備に困っているわけです。商品は、われわれの意識から独立した運動、われわれの統制からはずれた独自の商品の運動を展開し始めます。

思想や政治の土台をなす生産関係

そして、この資本の変化によっていろいろな政治の変化が起こり、思想の変化が起こるわけです。たとえば、ベトナム戦争一つをとってみても、ドル危機が起こってくれば、あの執拗なアメリカでもひかざるをえなくなってきています。また、アメリカの独占資本自身も、あのような残虐なことを内心本当に喜んでいるかといえば、絶対にそうではないと思います。しかし、自分たちの利潤をあげようと思えば、資本主義のもとにある限りは、あのような行為もやらざるをえません。だから、ベトナム戦争を起こしているのも経済的必然性であるし、またアメリカを撤退に追い込んでいるのもドル危機という経済的必然性なのです。このようにあらゆる政治的なものの基礎には、経済的必然性があることがわかります。

もちろん、ベトナムの人民の抵抗がなければ、アメリカは後へひきません。しかし、この抵抗もまた、社会関係そのものからつくりだされてくるわけです。というのも、ベトナム人民の抵抗は植民地の収奪に対する当然の反抗なのだからです。これは、ちょうど資本の労働に対する収奪が、労働者の反抗を呼び起こすのと同じことです。このようにして、現在では資本にとっては具合の悪いことですが、人民が社会主義に向かって一歩一歩進んでいるというのが戦後の状態であると思います。

第四講

一　弁証法

唯物論と弁証法

まず初めに、なぜ私がこの講座の中心問題を、弁証法の問題ではなくて、唯物論か観念論かの問題に置いているかということについて簡単にいっておきたいと思います。

その理由は、戦後二五年間をつうじた日本マルクス主義の混乱と分裂にあります。思想的な混乱も非常にひどいものです。これはたんに日本だけでなく、これと同じ状態は、ヨーロッパの状態でもあり、世界の状態でもあるといってもいいのです。このような大混乱がどこから出てきているかといえば、この源泉は、弁証法にあるのではなくて、唯物論か観念論かという哲学の根本問題がはっきりしておらず、この問題の理解が非常に混乱しているところにあるのです。このことが戦後二〇年の経験をつうじて非常にはっきりしてきたので、唯物論か観念論かの哲学の根本問題に重点を置いているわけです。

一般に、帝国主義期においては、マルクス・エンゲルスの時代に弁証法に問題の重点があったのに対して、その後は唯物論に問題の重点が移りました。つまり唯物弁証法から弁証法的唯物論の方に問題の重心が移ってきているということです。けれども、レーニンもいっていることは、このことの意味がよく把握されておらず、重心の移行とは口先ではいわれているけれども、実際にはやられていなかったのです。この点が、現在の混乱の基本点だと思うのです。この基本的な欠点をさかのぼっていくと、やはり一九三〇年代にソヴィエトでおこなわれたデボーリン批判といわれているもののもつ問題に、その原因があったと思います。しかし、今そこまで話をしている余裕がないので、問題がここにあるということだけを了解しておいてほしいと思います。

とくに、唯物論か観念論かの問題というのは、弁証法の問題とちがって、猶予できない、即刻に解決しなければならない問題なのです。弁証法というのは方法の問題であって、方法というのはゆっくりやっても間にあう、間にあうというよりは、ゆっくりやっても基本的な混乱は起こらないのです。一定の基本的な見地というのがはっきりしていて、その軌道の上でおこなわれている方法上のいろんなまちがいとか、不充分さというのは、それはそのつど、訂正していったらいいような性質のものなのです。ところが、唯物論か観念論かというのは世界観の問題、基本的な見地の問題であって、ここで混乱が起こると、めちゃくちゃになるのです。たとえば、レーニンは『唯物論と経験批判論』という本は、ちゃんと急いで出版しているわけです。ところが『哲学ノート』の方は、ノートにとどめて発刊を急いでいません。しかもレーニンにすればどちらがやりがいのある仕事かといえば、『哲学ノート』における弁証法の研鑽の方がやりがいのある仕事なのですね。マッハ主義のあのくだらない議論を、たくさんの本をあげて整理するというような仕事は、レーニン自身「のろわれた仕事」といっているけれど、こんなばかばかしい仕事はないくらいのものなのです。にもかかわらず、あれを整理して出版しているのは、やはり、この唯物論か観念論かの根本問題における混乱というものが、思想全体の混乱を引き起こして、弁証法そのものをも歪めてくるからなのです。

弁証法的対立＝一つの全体における内的区別

この混乱と歪みの例を一つあげておこうと思います。ふつう、対立といわれる場合には、二つの種類があるのです。一つは、唯物論か観念論かの対立で、もう一つは、弁証法的対立といわれています。この二つは種類がちがうのです。

弁証法的対立というのは、一つの全体における内的区別であって、絶対的に分裂したものの対立とはちがいます。弁証法的対立において、対立している二つのものを統一するということは、この対立が一つの全体者の内部における分裂であるから、全体者を回復するということ、全体者に復帰することなのです。これが弁証法的対立と弁証法的統一ということです。

絶対的に対立したものの統一——新ヘーゲル主義

ところが、唯物論か観念論かの対立のもとに、弁証法的対立が理解され、両者を混同する混乱が支配しています。たとえばオイゼルマンの『マルクス主義の形成』という本があります。その中で、オイゼルマンは、マルクスの『ヘーゲル国法論批判』を取りあげ、ヘーゲルは対立については語ってはいるが、絶対的な、非和解的な対立については語っていない、後者の絶対的な対立を明らかにしたものこそマルクスの弁証法であるといっています。しかし、このようなものは弁証法でも何でもないんです。このように絶対的に分裂しているものの統一をいおうとすれば、思想上の平和共存になりますし、階級協調になります。他方、実際の現実においては、絶対的対立だからというので、非常にはねあがった対立をいうようになります。ところで、実は、この絶対的に対立しているものの統一ということは、現在の新ヘーゲル主義といわれている実存主義などがいっていることなのです。マルクスは、ヘーゲルのいった全体者の内的分割である対立を否定して、絶対的な対立を主張したのである、というようなおかしなことをいえば、弁証法そのものがすっかりだめになるわけです。このことを、私は、『知識と労働』創刊号(一九七〇年一二月)

の終わりの方で強調しておきました。この対立概念の混乱は、弁証法の基本原則に関係し、弁証法の理解そのものをむちゃくちゃにしたわけです。のみならず、このことは、唯物論か観念論かという哲学の根本問題、および、弁証法的対立概念の意味が理解されていないという点において、弁証法そのものの把握を根底からひっくり返すものなのです。

しかし、このような誤解が非常に一般的なのです。なぜこのような誤解が生まれるかというと、弁証法的という場合には、対立物の闘争の絶対性というものを強調すると、非常に革命的に聞こえるからです。だれでもが革命的でありたがるものですからこのようにいうのですけれど、この弁証法的な対立が絶対的な対立という形をとってあらわれるのは、疎外がおこなわれている人間の階級社会の現象なのです。将来の非階級社会においては、このような敵対的関係はとらないのです。しかし、何か絶対的対立が弁証法であるというようにとられると、階級的な対立がなくなると、今度はもう、弁証法的な対立はなくなった、あるのはただ差別と区別だけであるというような、逆の欠陥に陥るのです。このようなことがあるので、より基本的な唯物論か観念論かの哲学の根本問題を確立しておかなければならないわけです。ですから、オイゼルマンなどの真似をして、絶対的対立をいうのがマルクスによって打ちたてられた、新しい形態の弁証法であり、弁証法の発展であるなどということが、どれほどまちがったものであるか、次にいっておきたいと思います。

弁証法――有機体把握の論理

弁証法というのは、一言にしていうと、有機体の把握の論理です。わかりやすくいえば、生成し、発展し、死滅する有機的な生命体の運動そのものを、われわれの思惟において再構成する論理学が、弁証法の論理です。

まず、有機的生命体というのは、諸君の身体を考えてもらうといいと思います。マルクスは、資本主義社会をも一つの有機的生命体といい、『資本論』において、この有機的生命体がどのようにして発生し、発展し、そして死滅するのかの全過程を、その発展の必然性そのものに従って、論理的に再構成しているわけです。だから、資本の定義が何であるかといえば、商品から始まる資本のすべての定義が、この資本の定義なのです。すなわち、これは松村一人氏がいい例をあげているのですが、山という場合、われわれは普通、人が登る高いものをさして山といいます。しかし、この山が、できあがった時点から、だんだん風化して、最後にはなくなっていく全過程まで、この全体をいわなければ、山を規定しつくしたことにはならないのです。

有機的全体

有機的な生命体というのは、まず第一に、部分の寄せ集めであってはいけないということです。たんなる切り離された部分の寄せ集めから全体ができているのではないのです。たとえば、諸君には胃袋もあるし、肝臓、腎臓、肺、心臓といろいろな器官があるわけだけれども、それらがどこか別のところにあって、それらを一箇所に集めて君らの身体ができているのではありません。また、それらは死んだものでもありません。身体というのは死んで動かないものではなくて、小さい時からずっと発展し、成長して大きくなり、最後に死んでいくものです。しかも、その過程において、不断に新陳代謝をおこなっているわけなのです。だから、われわれの肉体のそれぞれの部分は、内面的——機械的にではなく——に結合し、緊密に結びついています。そして、お互いに前提しあっているのです。胃袋が原因になって肝臓ができているのではないのです。しかも、それらはお互いに無限に交互に作用しあっています。だから、そのうちの一部分を、われわれがきゅっと引っ張ると、それによって全体が動いてくるわけです。そして、各部分が、互いに関連しあい、しかも、それぞれの部分が、全体との関連において、あるべき位置にあるのです。胃袋が下腹にあって、腸が上にあるようなことはないわけです。このような有機体にあっては、一部分の故障というものは全体にひびきます。胃が悪くなれば、肝臓も腸も、気分も悪くなってきます。足が一本なくなれば、運動不足になって、これがまた全体にひびいてきます。このように、各部分が緊密に全体と連関して、一つの生命過程というものが実現されているのです。

第二に、有機体の生命過程というのは、たとえば、人間から人間というものを、それに即して実現していっているので、この過程を貫く一つのそれに固有な目的があります。しかも、その生成発展の面においてみれば、ちゃんと発展の順序があります。すなわち、簡単なものから複雑なものへ、抽象的なものから具体的なものへと発展するわけです。これが有機体の特徴であって、その有機体を把握する論理が弁証法なのです。だから、非常に難しいということがわかりますね。

真理は全体である

ここでまず注意しなければならないことは、各部分は全体との関連の中においてのみあり、また時間的にあるいは歴史的に前後があるというように、全体の関連の中において、それぞれの位置と比重を持っているということです。ですから、各部分は、それが全体との関連に置かれたときにのみ、その妥当性と真理性を持つわけです。もしも、各部分を全体から切り離した場合には、もはやそれは一面的なものになって、真理からはずれるのです。このようになっているのが有機体の構造であり、この構造をそのまま論理的に反映しているのが弁証法なのです。

「真理は全体である」というのは、ヘーゲルの有名な命題です。したがって、全体との関連ぬきに部分を観察する場合は、非常に一面的になります。そして、この一面性に固執していると、その反対の完全なまちがいに陥る、虚像に陥るのです。たとえば、日本史のなかで、天皇に忠義を尽くした人がたくさんあったということは事実であるけれど、この面だけを拾い出してきて、忠君愛国だけが日本人の本質であったというと、大嘘をついたことになります。このように、全体の中から、一つの側面のみを取り出して、これがすべてであると述べた場合には、むしろ逆の結果になります。ですから、全面的な配慮ということが、弁証法の基本的な観点であって、一面的な見方というのは、反弁証法的なものです。

対立物の統一

弁証法は対立物の統一であるとか、対立物の同一であるとかといわれています。存在は、対立したものの統一として初めて全体であるわけですから、真理は全体であるということは、別な言葉であらわすと、弁証法は対立物の統一であるということになります。ここで重要な点は、ではなぜ全体者は対立物になっているのかということです。それは、全体者というのは、一挙には実現できないので、少しずつ実現していくからなのです。これを説明するために、あらかじめ機械的な必然性と弁証法的な必然性についての例をあげておくと、いっそうわかりやすいと思います。

機械的必然性

玉つきの赤い玉が白い玉にあたる、というようなことが機械的な因果必然性です。この必然性の特徴は、原因と結果の関係が非常に外面的であるということです。というのは、赤い玉の内部には、白い玉にあたらなければならないという必然性は含まれていません。ただ外部から押されたから動いただけなのです。白い玉にしてみれば、赤い玉にあたってこられなければならないという必然性はないのです。ぼんやりしていたら、ポンとあたってきただけなのです。この場合には、原因と結果の関係というのは、まったく外面的なものです。しかも、これはたんなる位置変化に関係しているだけであって、質は問題になりません。これが玉つきの赤い玉であっても、ミカンであっても、リンゴであっても、フットボールのボールであっても構わないわけです。だからこれは、たんなる位置変化に関する、たんに量的な関係であり、しかも外面的であって、内的必然性はないのです。

弁証法的必然性

では、次の例を考えたらどうなるでしょうか。たとえば、ウリの種からウリの双葉が出る、そして葉が出て、花が咲き、やがて実がなる。この場合には、ウリはこの過程全部を種のうちにすでに含んでいるわけです。そして、このウリの実は、ウリの種の必然的な結果なのです。この全過程は、ウリの種を前提にして、それから必然的に出てきます。しかも、この過程はちゃんと順序を踏んでいるのであって、ウリの種からいきなりウリの花が咲いたりしないのです。あるいは、ウリの種で、ナスビの実がなったりすることはありません。トンビの子はかならずトンビであり、まったくちがう子が生まれることはないわけです。この関係は、玉つきの玉の関係とはまったくちがいます。ウリの双葉はウリの種を前提としており、しかもこの関係には内的な必然性、ウリに固有の必然性が貫いているわけです。

マルクス主義というものが非常にわかりにくいという場合、その人々はみんな、必然性というものを機械的必然性と理解しているからなのです。機械的必然性は非常に低級な必然性なのです。このような低級な必然性のもとに、マルクス主義を理解すれば、それが非常に貧弱なものにみえてくるのは当たり前のことなのです。そして、このような必然性で割り切れないものがあるのも当然のことです。これでは、たんに量的なものしか処理することができず、数学で処理できるようなものだけがこの領域に属するのです。ところが内面的な必然性というのは、さきに述べましたように、ウリの種はそこから出てくるすべてのものをそのうちに含んでいながら、この種自身を揚棄（さらに高次の統一体に発展させること）している、ということなのです。葉も花もそうです。すなわち、お互いに部分は自分を否定する全体をそのうちに含んでいるのです。

各有機体はそれに固有な内的必然性を持つ

この場合に注意しなければならないことは、有機体はみなそれに固有な必然性、すなわち、発展法則を持っているということです。有機体の数があるだけ、必然性の数があるわけです。この意味で、資本主義社会の発展の必然性（法則）、封建制社会の発展の必然性、奴隷制社会の発展の必然性というのは、みなちがうのです。

このように考えてくると、機械論と呼ばれているものと弁証法との区別がよくわかると思います。繰り返していえば、ナスビの種からナスビの双葉が出て、葉がつき花が咲き、最後に実がなる、というような発展過程について、その発展の必然性をあくまで追いながら、それを論理において再構成する、このようなものが弁証法の論理です。マルクスは、これを商品の矛盾から始めて、貨幣、資本というように進んでいき、資本の含んでいる全構造とその発展法則を、すなわち資本の発展の歴史的な必然性そのものを論理において再構成するということをやっているわけです。

限定は否定である

したがって、全体者というのは一挙には実現されませんし、弁証法というのは骨の折れる、非常に難しいものであるということがこの点では了解されると思います。すなわち、ウリは、双葉から葉が出て、花が咲き、実がなるというように、ゆっくりと実現されていきます。われわれが全体者を把握する場合も同じであって、この全体者を一つの命題で、一度にいいあらわすことはできません。やはり、われわれは、この全体を分析して、それを徐々に全体へと再構成していくというようにしなければなりません。この再構成、また、発展過程そのものにも合っています。

ところが、われわれがものを認識するということはどういうことかといえば、初めに、漠然としている全体者を限定することです。たとえば、ここに資本という漠然とした全体がありますが、まず第一に資本とは商品であると限定していきます。限定するということは認識することです。こうだといわなければ、何も認識することはできません。しかし、限定するということは、全体者のうちから一側面を取り出して、抽象する（抜き出す）ことです。抜き出す場合は、そのことによって全体者は傷つけられます。全体の豊富な内容というものを、一つの規定でいいあらわした場合には、全体はいいあらわされないで、その一側面がいいあらわされているにすぎないことになります。だから、われわれが、全体というものを抽象、限定するということは、別の言葉でいえば、全体者を否定するということです。この限定によって全体者を否定しているわけです。

否定の否定としての全体

ところが、真理というのは常に全体です。したがって、この全体者は、これが限定された場合、この限定の対立物であるものを含んでいる場合にのみ全体者といえます。ある一つの規定が、その対立物を含んでいる場合にのみ全体者は回復されているのです。全体的なもの、すなわち無限な内容を有限な形態でいいあらわしていくので、この有限な形態は、その対立物をそのうちに含んだものとして初めて全体であるわけです。つまり対立物の統一となるのです。だから、全体者をなんらかの有限な規定に限定する場合には、それが全体をいいあらわしている限りにおいては、この全体は自分に対立するものを、初めからそのうちに含んでいるとしなければならないのです。この場合にのみ、その否定は、全体者の規定であるわけです。したがって、一つの限定は、かならずこれの否定をそのうちに含んでおり、この対立物を自分の方へもう一度取り返した場合に、初めて全体がいいあらわされているのです。すなわち、全体者というのは否定の否定においてのみいいあらわされるのです。一寸難しいけれど、このように了解してほしいと思います。

肯定は否定である

一般に、肯定というのは否定なしにはいえません。わかりやすい例でいえば、われわれが湖とは何であるかといおうと思えば、どのようにいうでしょうか。弟や妹、または小学校一年生に聞かれた場合、どのように説明するでしょうか。「それは海ではない。それは真水である。池ではない。池より大きい」というように説明しますね。「陸地ではない、陸地に取り囲まれている」――このようにいうと、一年生にもわかります。だから、あることをいおうと思えば、そうでないということ、すなわち対立物の実体を明らかにして、これとの区別をいわなければなりません。このように、肯定は否定を含んでいるのです。そして、実際の全体は、この否定をそのうちに取り込んでいる場合においてのみ、全体なのです。そうでなければ、それはかならず一面的になります。これは弁証法の基本的論理です。

生産力というものは、無限に発展していきます。その無限に発展していくものが、有限な形態をとります。この場合、無限なものが有限なものをつうじて実現されるのですから、これは矛盾を含まざるをえません。ある一つのものが、私はこうだ、実はこうなんだと自分自身を固執していけばいくほど、他のもの、そうでないもの、より具体的なものをひっぱり出すことになります。資本主義社会では、資本が自分自身を主張して利潤を追求すればするほど、自分を否定するものを大量につくりだしていきます。つまり、資本は、中小ブルジョアジーの多くを打倒し、小さなものとはいえ農民の私有財産なども奪って、ますます多くのプロレタリアート、すなわち、完全な無産者をつくりだしていきます。そして、無産者というのは、必然的に生産手段の社会的所有を受け入れ、また、これを希望するようになります。このように、資本が自分を主張し、搾取を強化し、利潤を拡大すればするほど、同時に、自分を否定するものをつくりださざるをえないのです。このような関係にあるのが、一般の存在の法則なのです。

弁証法の基本構造

これらからわかるように、弁証法というのは、同一性の論理といっても構いませんし、矛盾の論理といっても構わないのです。あるいは、総合の論理であるといっても構わないのです。いずれにしろ、それらは弁証法の基本的な特徴なのです。

すなわち、真理は全体です。この全体は、一つの命題によってはいいあらわされません。それは、この命題の対立物である他の命題、第二命題をそのうちに含んだ全体者において、初めていいあらわされるのです。つまり、否定の否定において全体者がいいあらわされます。この場合、対立物は、この全体者の一つの要素、モメントとして含まれています。だから、一つの命題は、自分のうちに必然的に他の第二の命題を含んでおり、そして否定の否定という第三の命題で全体者がいいあらわされるのです。この三つの命題の体系として、初めて全体者、すなわち真理がいいあらわされるのです。ですから、一つだけポツンとした命題を持ち出しても、一面をいっただけであって、それでは全体をいいあらわされません。これでみてわかるように、弁証法を、同一性の論理といおうが、矛盾の論理といおうが、総合の論理といおうが、それぞれは全体の一つの特徴をいいあらわしているので、どれでいいあらわしてもいいわけです。

矛盾

しかし弁証法において、一番特徴的なのは、やはり、対立物が、その矛盾をつうじて、それがお互いに自分自身を主張して、より高い第三のものに統一されるということです。すべてのものは、対立をそのうちに含んだものとして発展するというのが、その弁証法の特徴です。したがって、弁証法は矛盾の論理であるといわれるのですけれど、ここで一番重要なことは、この矛盾が一つの全体の内部における区別であり、対立であるということです。したがって、お互いが区別を固執していれば、それがかえってはっきりした対立にまで発展し、お互いがこの対立を固執して相手を完全に否定しようとすると、自分自身も否定されることになります。これが矛盾です。しかし、この場合、対立は一つの内部における分割なのですから、かならず全体者が回復され、全体者として統一にもたらされるのです。このように、対立する双方が、より高い見地に統一されるという、対立物の統一ということが、弁証法の基本的構造になるわけです。

対立物の同一性

対立物には同一性がなくてはなりません。たとえば、資本と賃労働の対立というものは、お互いに相手なしには存在しえないものとしてあるのです。『資本論』では、資本を、機械や原料など、自分の持っている価値を商品に移転する不変資本と、新しい価値をつくりだす可変資本に区別しています。だから、新しい価値をつくりだす労働力であるプロレタリアートは、資本の不可分の構成部分なわけです。プロレタリアートは資本から切りはなしては考えられないのです。プロレタリアートは、このように、資本がこれなしには資本でありえないようなものでありながら、しかも、私有財産を持っていないという意味において、あるいは私有財産を持つ可能性を持っていないという意味において、必然的に私有財産のない社会主義を希望するようになります。マルクスは、このように、ブルジョア社会の不可分の構成部分でありながら、しかも資本主義社会の外にある、すなわち私有財産と無関係にあるという意味で、プロレタリアートこそ唯一の革命的な勢力であるといっているのです。資本の外にはみ出しているような連中が暴れたとしても、資本にはちっともこたえないのです。ところが資本は、資本の不可欠の構成部分であるプロレタリアートなしには利潤もあげられないのですから、これにストライキをやられるとものすごくこたえるのです。ところが、資本の外にある学生が暴れたぐらいではちっともこたえません。学生が実際に労働者の力と結びついた場合にのみ決定的な力になるのです。ところで、学生とかインテリゲンチャの持っている力というのは、基本的には思想の力なのです。この思想が労働者の中に入りこんで、そこに大きな変化を起こした場合、それが決定的な力になるのです。

実存主義の「質的」弁証法

絶対に対立しているもの、つまり絶対の深淵によって隔てられた対立というのは、外的な対立です。このような対立は、それがどこへ向かうのかわからない性質のものです。だから、何でも対立物の闘争の絶対性だといえば革命的である、と思ったら大まちがいです。対立の絶対性をいうのは、実存主義の「弁証法」にほかならないのです。弁証法に対立する思想とは、このように、何でも切りはなして考える考え方であり、それは非弁証法的な考え方なのです。この非弁証法的な考え方が具体的にどのようにあらわれていて、そのために、どれほどおかしなことになっているかを、具体例で示そうと思います。

区別と統一

ふつうのものの考え方は、全体の見地から把握するということが非常に難しいため、なんでも切りはなして考えます。わかりやすい例をあげると、ここに横山君という男の人がいます。そこで「横山君は男である」という命題に、矛盾があるということはおわかりですか？　横山君というのは、他の誰でもない、特殊な個ですね。男というのは、誰でもそうであって、一般的なものです。この命題は、個は一般であるといっているのです。これはおかしいでしょう。しかし、これが対立物の統一ということです。つまり、他のもの、個々のものをうちに含んだ一般、そのようなものであって初めて全体であり、真理であるわけです。だから、一般と特殊というものを切りはなしてはならないのです。このことは、右の命題のうちにもいいあらわされているのです。このように、あらゆるものは矛盾を含んでいるということがおわかりと思います。ここでわれわれは全体を無理に切断しているのです。切りはなせないものを切りはなしているのです。切りはなせないものを切りはなしているから、これを統一にもたらす必要があるのです。これを統一にもたらす論理が弁証法だと理解したらいいわけです。

たとえば、運動というものも、あると同時にないといわなければ説明できません。そのうちのあるという動きの性質だけを取りあげた場合、運動は説明できません。静止と運動とを切りはなすように、特殊と普遍を切りはなしてしまえば、何も説明できなくなるわけです。だから、われわれはものごとを、矛盾とその矛盾の統一において把握しなければなりません。

二　歴史と個人

自然と必然の二元論的理解

自由と必然、あるいは人間と自然という場合も、ふつうは切りはなして考えられています。自由のあるところに必然はない、偶然と必然とはまったくちがったものであるというように理解しています。この場合、因果の関係に従っているのが必然です。この必然から切りはなされた自由は、必然性が全然ないということになると、非合理たらざるをえなくなります。偶然も必然から切りはなされると、非合理的なものになります。自由と必然、偶然と必然は、非合理と合理というようになります。これを歴史における必然性にあてはめると、一方の側に、それぞれの人間の自由行動があります。他方、この自由行動と対立する各人にとっては認識することも取り換えることもできない歴史の必然性は、偶然であるところの偉大な天才、偉大な個人、すなわちエリートによって持ちこまれたものであるとみることになります。このような単純な理解はいちばん卑俗なものなのですけれども、非常に流布しています。

意志決定論＝宿命論という誤解

この見解をさらに推し進めていくと、もしも、唯物論すなわち科学がいうように、人間の意志や意識が社会的存在や必然性によって規定されているということになると、われわれはみんな人形みたいになってしまい、人間にとって自由というものがまったくなくなるという考えになります。そして、すでにわれわれの意志が決定されているのであれば、われわれは何もしなくてもよいではないか、なるようにしかならないから、動いてもしようがないということになり、ここから、意志決定論は自由の否定であるということになります。これでは、意志決定論は、自由と能動性、一言にしていえば、主体性の否定ということになります。すべてのものは必然的に全部決まっているとなると、味もそっけもないではないか、ここでは灰色の必然性の網が支配しているのであって、この中では自由なんてひとかけらもなく、世界は灰色であるということになってしまいます。このような考えは、徹底した宿命論です。このような考えをしている人は、多分諸君の中にもいると思います。ですから、唯物論は一面的である、面白味がないという話を、なるほどと思うわけです。どうしてこんな考えになるのかということを簡単に説明しておきたいと思います。

あらゆるものは必然的である

まず、意志決定論という点でいいますと、あらゆるものはすべて必然的であるということは否定できるでしょうか。自分が実際にやっていること、やってきたことについて、その理由をたずねてみると、ちゃんと理由があります。全然理由のないことをしたことのある人はいないと思います。だから、われわれの本能的な行動というのは必然的なものです。これは反射的な行動なのです。われわれの意識的な行動といえども、お茶ではなく紅茶を飲んだという場合でも、それだけの理由があります。だから、まず事実をいってみれば、必然的でないような人間の行動はありませんし、それから、必然的でないような現象もこの世の中にはないわけです。あるならば知恵をしぼって考えてほしいと思います。これだけはどうしても必然性がない、理由が全然ない、そのようなものはないはずです。このようになると、自由も偶然もなくなると考えるのですが、それは全然ちがいます。

人間の行動の必然性は自由のための前提である

まず第一に必然性（理由）がないようなものは存在しないということは、事実だということをいっておかなければなりません。これは承認されうると思います。そうすると、自由、必然の二元論的な見解を持ちながら、自由と偶然を維持しようとすると、非合理的たらざるをえなくなります。非合理的であるということは、むちゃくちゃであるということです。なぜかといいますと、もしも人間の行動が必然的でないとする場合には、その人間が何をするかわかりません。そのような人の傍らには、危なくておれません。その人が、一定の状態、一定の年齢層であり、その場合にはある一定の要求を持っているということがわかるから、その人に対して働きかけもできるのです。また、諸君が政治行動をする場合に、ある条件のもとで、この人間、あるいは、このような環境に育ってきている者は、このような問題について、このような考えを持つだろうということがわかるから、その人に対して、いろいろな計画を立てて、働きかけることができるのです。ところが、相手が何をするのかわからない、必然性を持たない人間であれば、どうすることもできません。たとえば、自動車の運転手が何をするかわからないならば、危なくて仕方ありません。だから、人間の行動が必然的であるということは、われわれが他人に対して自由にふるまうための不可欠の前提なわけです。この意味で、必然性は自由の根本的な基礎であり、あるいは担保であるということを、まず知っておく必要があります。

自由と必然は両立する

では、次に考えなければならないのは、自由と必然というものは、はたして対立するものであるかどうかということです。たとえば君たちは、いつも水を飲んだり、飯を食べたりしていますね。恋愛もしていますね。その場合には、君たち自身、他人から強制されて水を飲みませんね。自由に水を飲んでいるわけでしょう。喉がかわいている時には、非常に喜んで水を飲みますね。腹が減っている時も同じですね。恋愛をする時は、喜んでやっていますね。この場合、君はなぜ水を飲むのかといえば、体内に水分が欠乏しているからなのです。このような生理的必然性にもとづいて水を飲んでいるのです。また、胃袋が空っぽだから、飯を食べるのです。君たち自身は、主観的には、自分がだれからいわれたのでもなく、食べたいから食べているのだと思っているかもしれませんが、実際には、必然性に規定されて飯を食べているわけです。これは、小学校の子供にもわかることだと思います。では、この場合、必然性と君たち自身の自由は対立するでしょうか。つまり、体内に水分が欠乏している、だから生理的に水を欲しているということと、君たちが喜んで水を飲むという自由な行為とには対立があるでしょうか。自分の自由意志にもとづいて、こうしたいと思って飯を食べることと、生理的必然性との間に対立はありません。これは非常にわかりやすい例だと思います。この場合、必然と自由は対立しません。同じことですが、われわれに必然性がなければ、自由な行動も起こらないということがわかると思います。たとえば、水をいっぱい飲んできたとすると、その場合には、水はもう飲めません。どこかで飯を腹いっぱい食べた時は、飯を食べることができません。胃が悪くて、腹の調子が悪く、熱が高い時には、全然飯を食べられません。だから、生理的必然性が要求しない時には、主観的にも要求しないのです。ここでわれわれの必然と自由は対立しないものである、本質的に一致するものであるということを、銘記しておく必要があります。

われわれが自由にやっている行為が、実は意志決定論であって、必然性に規定されているのであると考えたとたん、行動するのがイヤになるということがいわれます。しかし、たとえば君たちが一定の年齢に達すると、恋愛をしますね。喜んで恋愛をしますね。この場合、君たちが恋愛をしているのは、実は生理的必然性にもとづいているのだということがわかったとたんに、恋愛するのがイヤになるでしょうか。なりませんね。こんなことは、いっこうに問題になりません。だから、意志が決定されているから行動しなくなるというようなことはありません。むしろ、意志が決定されていなければ行動しないのです。

自殺の自由は必然性を否定するか

必然性からまぬがれた自由というものを、観念論者たちはなんとか証明しようといつも必死になっています。その例としてあげられるのが、「自殺の自由」です。彼らは、自殺こそは自由の最も大きな表明であるといいます。すなわち、彼らはいいます。神は自殺するわけにはいかないし、動物も自殺するわけにはいかない。人間だけが自殺する。しかも、この自殺は、人間が生きていこうとする必然的な欲求の端的な否定である。このように、必然性を否定するいちばん端的な人間の特徴の表明は自殺の行為である。だから、自殺は人間の自由を最もよく表明するものであると。

このようにいわれた場合、なるほどと思う人は、非常に観念論に弱い人であるといえます。では、自殺というのは、観念論者たちのいうようなものでしょうか。今、非常に金があり、恋愛もうまくいっており、将来に不安がなく、張り切っているという場合、はたして自殺するでしょうか。逆に、金もなく、面目も失い、誰からも見放され、どのような見通しもない、生きていくどんな理由もなくなってしまった場合、生きていけるでしょうか。失恋はする、金はない、あらゆる不名誉で世間から笑いものになって、全部の家族から見放され、将来にどんな打開策も感じられず、明日食べる飯もないという場合には、自殺することがあると思います。そうでないと、なぜ世間に自殺があるのかわからなくなります。だから、ここから結局、自殺というのは、自由な行為ではないということがわかります。自殺する人間は必然的に自殺するのです。自殺する場合には、その人は、実質的にはすでに死んでいるのです。だから、自殺の行為というのは、たんに手続きの問題であって、自殺そのものは必然的な行為なんだということがおわかりと思います。自殺などというのは、何ら、「自由」を表明していないのです。

自由と必然の一致

自由と必然は対立するものではないのです。今までは、君たちの胃袋とそれから飯が食べたいという要求でもって、必然と自由を説明したので、これらが対立しないのは、自分の個人の内部のことだけであると思ってもらっては困ります。他のものとの関係においても、自由と必然は対立しないのです。たとえば、君たちに自分の恋人があるとします。その場合に、相手を喜ばせば、自分も喜びを感じると思います。相手を喜ばすとはどういうことでしょう。相手を喜ばすということは、相手の要求に従うということです。その相手の要求というのは、とりもなおさず必然性です。この場合、だから、他人の必然性に従うことにおいて、自分自身の自由を感じているわけです。このように、自分の内部の必然性との関係において自由であるだけでなく、外部の必然性との関係においても自由なのです。

この場合、自由と必然は一致しています。自由とはどのようなことかといえば、必然性と自由が一致している状態を自由の感情というのです。たとえば、君たちが飯を食べたいと思う時に飯が食べられれば、君が恋愛しようと思う時に恋愛ができれば、そしてそれがうまくいっていれば、必然と自由が一致しており、このような状態が、自由の感情なわけです。この場合を考えてみても、自由と必然を対立させて考えるということがばかげているということがわかります。

自由と必然の分離の原因

このように考えてみると、なぜ自由と必然を対立させるのかということの方が理解しにくいくらいです。事実、過去の偉大な哲学者は、みんな自由と必然を一致したものと考えています。アリストテレスもそうですし、スピノザ、ライプニッツ、ヘーゲルもそうです。過去に、偉大な哲学者でこれを分離してとらえたのはカントだけです。あとはみな二流、三流の哲学者がこれを分離しているわけです。たとえば、現在の実存主義がこれにあたるわけです。では、なぜ自由と必然を分離しているかといいますと、その場合、まず次のことを知っておいてほしいと思います。自由と必然をいつも対立させている人間は、自分の生活経験で常に挫折ばかりしている人間なのです。たとえば、失恋ばかりしている人間は、自由と必然が一致しているという思想を受け入れにくいのです。また、現在の社会が必然的に社会主義に向かうということは、ベトナム情勢をみてもわかるし、アメリカが非常な苦悩に陥っているということによってもわかります。この場合、平和が勝利し、社会主義に向かってどんどん進んでいく世界の必然性と、世界の人民との間の要求と自由との関係は調和しています。ところが、カンボジアでは失敗する、ラオスに行けばうまいこといかない、さらにドルはますます危なくなるというように、何事もうまくいっていない場合には、世界史の必然性とニクソンの自由はどうかといえば、常に一致しません。だから、ニクソンに自由と必然が一致するということを理解させようと思ったら非常に苦労するわけです。このように、絶えず自分と現実との間に本質的な分裂があるか、世界史の必然性に対立する階級的地位にある者にとっては、自由と必然を統一したものとして把握しにくいのです。だから、本来の意味において、自由と必然が一致したものであるという思想を受け入れにくいのは、一つの階級的見地、階級の要求と世界史の必然性との間の分裂という、社会的なものがその源泉にあるということを知っておいてほしいと思います。

もう一つは、なぜ自由と必然を対立するものであると考えるかの理論的誤謬についていえば、必然性のもとに、外部からいやおうなしに、むりやりにやってくる法則のみを理解しているからなのです。これも一つの必然性にはちがいありませんが、先ほどいいましたように、これは必然性の中では非常に小さい必然性なのだということを知っておく必要があります。

さらにいっておきますと、たとえば音楽の才能がある者が、音楽の勉強をできる場合には非常に自由を感じます。この場合、彼が何に従っているかといいますと、彼自身の音楽的才能、つまり彼自身の生理的な素質（必然性）に従っているわけです。これに従わない場合には、自由と必然との間に対立が生じるわけです。さらに、これは基本的な問題なのですけれど、われわれが自分の目的を実現しようと思う場合、その手段や方法がわかっていない場合には、自由と必然が対立します。非常にやりたいことがある、しかもそれは崇高な目的を持ったものである、しかし、どのようにそれをやってよいかわからなく、見通しが持てない場合、たいへんな苦悩を感じます。

この場合には、自由と必然の分裂を感じます。これが従来ふつうにいわれている、理想と現実との対立です。すなわち、ザインとゾルレンの対立です。自分の持っている理想と、自分のいる現実との間に橋が架かっていない場合、われわれはそうすべきであると思いながら、見通しのない行動はできません。もちろん、見通しがなくても行動する人間がたくさんいますが、この場合、行動できない人の方が正しいのです。このように行動できない場合、その人は不自由だといわれます。ここには、客観的な必然性と自分の自由との間には分裂があるのです。

自由とは自覚された必然性である

ですから、この分裂に終止符を打つためには、理想がかならず実現されるものであるという必然性が把握される必要があります。すでに説明したように、ブルジョア社会は、この社会の内部から自己を否定する条件を生みだしてきます。だから、現在の矛盾を解決して、新しい社会をつくりだすその条件と必然性は、現在の社会のうちに不断につくられつつあるので、われわれはこの必然性を促進しさえすればいいわけです。この場合、現在の矛盾が将来において解決されることは必然的ですし、かならず解決されるという確信もありますから、自由と必然は一致します。しかも、この場合、必然性の内容が具体的であればあるほど、必然性の内容がたくさん満たされていればいるほど、ますます自由が増大するということになります。つまり、われわれが自分の目的を実現するための必然性や具体的諸条件を正しく知れば知るほど、ますます自由が増大するのです。だから、その人の自由がどの程度であるかは、その人が認識している必然性の具体的内容に依存しているのです。たとえば、戦争をしている場合、相手がなにを目論んでいるのか、どのくらいの兵力があるのか、将軍たちの頭脳程度はどのくらいであるか、どんな作戦をやっているのかが、スパイ活動などをやって、具体的に明らかになればなるほど、勝利に対する自由が大きくなるのはわかりきったことです。相手の食糧がどのくらいたまっているか、どのくらい武器を持っているのかというようなことが、わかればわかるほど、われわれは戦争において勝利に対する自由を感じると思います。この場合も、必然性の内容と自由の内容は一致します。

しかも、われわれが、われわれを取り巻いている具体的必然性をくわしく知れば知るほど、ますます行動的になります。たとえば、恋愛をしている場合、相手にどのようにして振り向いてもらえるかわからない時には、家の中で、「主体性の病い」にかかって青くなっていなければなりません。ところが、恋愛を実現する具体的方法がわかっていると、張りきって行動します。だから実際に、われわれは物質的な必然性があるから行動するのです。必然性に対する認識が豊かであればあるほど、ますます勇気がわいてくるのは当然なことなのです。したがって、必然性から切りはなされた自由というのは、全然行動できない人間、挫折している人間のものなのです。必然性がなければ自由はありえません。自由の内容は、必然性の内容に依存するのです。

このように、必然性が基礎にあるから、人間は行動するのです。必然性によってわれわれの意志が決定されているということは、こうせざるをえないということです。君たちの意志が決定されているから、腹が減っている時は、食べざるをえないのです。したがって、意志が決定されているがゆえに、人間はこうせざるをえないという形において、この必然性がわれわれの意識に反映されるし、行動も起こるわけです。たとえば、明治維新の時に、吉田松陰がつくったうたがあります。これは天皇制をうたった、悪いうただと思われているのですが、そうではありません。「かくすればかくなるものと知りながらやむにやまれぬ大和魂」とうたっています。松陰は「かくすれば」かならず殺されるものであるということは知っているのです。しかし一方、「やむにやまれぬ大和魂」という精神を持っているのです。実際は、彼が行動を起こした原因をさぐれば、幕末から明治維新に向かって近代的な統一国家を要求して発展しつつある、日本の資本主義の発展の必然性が、彼のうちに近代的統一国家――明治政府に対する要求を呼び起こしているのです。この要求のためには、彼は自分の個人的生命を犠牲にしても、この社会の経済的必然性に従っているのです。ですから、この必然性に従う彼の行動を、松陰は、こうすればこうなるのはわかっているけれど、こうせざるをえないのだといっているのです。また、ルターがいったのもこれと同じことです。ルターは、ウォルムスの国会で、法皇に反旗をひるがえし、ローマを攻撃しています。そして、彼はそこで、自分はこうせざるをえないのだといっています。このルターの行動には、当時における経済的な資本主義の発展がその背景にあるのです。あらゆる国から搾取されているドイツの状態が、彼のこのような態度を生みだしているのです。このように、意志が決定されているから、人間は他人に対して自由に働きかけることができるし、行動もするのです。のみならず、自由と必然性は、本来の意味で完全に一致するのですから、われわれの自由は、われわれが必然性の内容をどの程度まで理解しているか、必然性に対するわれわれの認識が具体的であるかによって、その大きさも決まるのです。したがって、自由というのは本来、自覚された必然性以外のなにものでもないというのが基本的な考え方なわけです。

意志非決定論と運命論

反対に、全然社会の必然性について何の見通しも持たない場合には、運命論者たらざるをえません。さらに、この場合には何をするかわかりません。意志非決定論というのは運命論です。というのは、意志が必然性によって決定されていないということは、みんながそれぞれ理由のわからないことを自由に選んで行動するということです。わけのわからない行動をする場合、よけいその結果もわからないことになります。この場合、われわれはこの社会の動きというものがわからなくなるから、この動きは、一つの運命であって、先の見通しもないわけです。また、かならず勝利できるという見通しもないわけです。このような場合、人は運命論者たらざるをえません。したがって、意志非決定論の見地に立っている実存主義というのは、ニーチェであろうが、みな運命論者なのです。この連中は、挫折ばかりしています。ときどきはねあがりますが、ふだんはたいてい挫折しています。だから行動できないのです。それゆえ、意志非決定論者は、常に非行動的であり、主体性がなく、挫折している運命論者なのです。

宿命論

ふつう、宿命論ということの意味が正しく理解されていません。意志が決定されているということを宿命論であると理解しているのです。しかし、宿命論というのはこのようなことを指していうのではなく、どうしたらいいかわからない、なるようにしかならないというのが宿命論なのです。大阪に、一つの実存主義者――意志非決定論者――のグループがあります。この人たちがサークルの雑誌を出していますが、その名前が「あかん」といいます。これが宿命論なのです。

宿命論というのは、意志が決定されているということではなく、どうにもできない、なるようにしかならないのだから、もう何をしても無駄である、つまり、「あかん」ということなのです。これをまちがって理解しないでほしいと思います。

ここで私がいっているのは、プレハーノフの『歴史における個人の役割』(岩波文庫版)の内容の解説ですので、この本はぜひ読んで下さい。

社会的必然性(法則)

プレハーノフは『歴史における個人の役割』で、意志決定論および史的唯物論に対するシュタムラーの非難をあげています。シュタムラーは、もしも社会主義が必然的であるならば、その場合は人間は行動しなくなるだろうという主旨のことをいっています。すなわち、いずれにしろ社会主義というのは必然的にやってくるものであるなら、人間は何もしなくてもよいではないか、それは、ちょうど日蝕や月蝕が必然的であるのに対して、日蝕を促進しようとして地上で党派をつくったらもの笑いになるのと同じことである。だから、日蝕や月蝕を促進するために行動するのが馬鹿げているように、社会主義が必然的であるのに政党をつくってがんばるということは意味がないと非難したわけです。

このようなことをいう人たちのどこがまちがっているかといいますと、自然存在と社会存在の区別がわかっていないということです。自然の法則、天文学上の必然性（法則）というものは、人間の意識と無関係であるだけでなく、人間の実践とも関係はないのです。つまり、日蝕や月蝕というものは、われわれが行動するしないにかかわらず、その必然性を意識するしないにかかわらず、かならず起こるのです。これは誰もが知っていることです。だから、この実現のために努力するのは馬鹿げているわけです。ところが、社会の存在、およびその必然性というのは人間の行動と切りはなしてはありえないのです。たとえば、生物界には適者保存の法則、弱肉強食の法則が支配しています。ところで、人間は、最も知恵があり、力があり、強い適者である。だから、人間であるわれわれは何もしなくても、適者保存の法則があるのだから、生きていけるというようなことがいえるでしょうか。強いトラやライオンが餌を喰いにもいかなかったらどうなるでしょうか。これと人間の社会の法則というものは同じなのです。ちょうど、分子の活動ぬきにしては、物理的な存在やその法則がありえないように、あるいは、動物の行動なしに生物学の法則や生物的存在がありえないように、人間の社会というものは、人間の行動ぬきにしてはありえないのです。

しかも、この社会の必然性というものは、発展の一定の段階において、かならず古いものを否定する必然性を、この社会の内部から生みだしてくるのです。ちょうど、封建社会の胎内で、ブルジョア的社会関係が発展してくる、あるいは、資本主義の胎内でプロレタリアートが発展してくるように、あらゆる存在は、自分を否定する必然性を、自分の内部から生みだしてくるものなのです。そして、この新しい必然性の勝利のために、いやいややるのではなく、喜んで努力し、命を捨ててでもやるという人間がいくらでも出てくるのです。それは、胃袋の中が空になれば喜んで飯を食べるように、生理的年齢に達すれば、喜んで恋愛するように、いくら抑えてもやるという人間が出てくるのです。封建社会の胎内で、ブルジョア的な社会関係が発展してくると、貨幣の前ではすべてが平等になります。だから、特権的な身分というもの、生まれながらの身分制度というものが、まったく馬鹿げているということがはっきりするとともに、共和国に対する要求というものが必然的に生まれてくるのです。そして、人類平等の共和国のため、その崇高な理想のため、喜んで生命を張って行動せざるをえない人間がどんどん生まれてくるのです。この場合、彼の行動は共和国という必然性にとって不可欠な条件です。またこの行動は、必然性に何らかの影響を与えます。このように、必然性の要求のもとに行動する場合は、人間は宿命論者にならないのです。

ところが、この必然性がわからず、どうしていいのか五里霧中という場合は、もう「あかん」

ということになるのです。したがって、現実に対してなんらかの影響を及ぼすことができるかどうかが問題なのです。宿命論というのは、この現実に対して自分としては手も足も出ない、どうにもならない、何もかもが前世の因縁によって決まっていて、このように不幸なのは前世で何か悪いことをしたのだろう、だから、もうどうしようもないという考えです。このように、宿命論は意志決定論とは何の関係もないのです。

歴史における自由と必然の一致

歴史における自由と必然の一致とは、われわれの欲求と客観的存在の発展の必然性が合致することをいいます。別のいいかたをすれば、理論と実践の統一ということです。つまり、世界史の客観的存在の発展の必然性、現存するものを否定して、新しい社会を生みだそうとしてあらわれてきている必然性に、自分の行動がぴったりしていることです。その場合、この具体的諸条件を超えないが、しかしそれにいつもくっついているのではなく、一歩前に出ながらこの発展する過程を促進している場合には、彼の自由と彼の必然性、つまり、彼の要求と客観的存在の発展の必然性がぴったり一致しており、彼はまったく自由な状態にあるわけです。ここから、理論と実践の統一というのは、世界史の発展の必然性を理解することであるということがわかると思います。

偶然と必然

最後に、残っている重要な論点についてお話しします。われわれは、ふつう偶然と必然を切りはなして考えています。そうすると、偶然というのは非合理的なものになってしまいます。しかし、われわれの意識構造をも含めて、この宇宙の中には必然的でないような現象はなにもないのですから、ここから、偶然というものはないのだというまちがった考えが生まれてきます。さらに、このまちがった考えからもう一つのまちがった考えが生まれてきます。それは、偶然というのは、われわれがよく見てみると必然的なのだけれども、この必然性を知らない場合のことである、という考えのことです。たとえば、私が道を歩いていたら、上から石が落ちてきて頭にあたった。あるいは道を歩いていたら、ほこりが飛んできて眼に入った。これは偶然眼に入ったように思うけれども、実際に入ったのは必然なのだ。つまり、私がそこを歩いていたのも理由がある、風が吹くのも気象上の理由があって吹いているので、ほこりは必然的に眼に入ったのだ。ただ、私はその具体的な状況を知らないから偶然と思うだけなのだと。このようにして、偶然とはすなわち無知であると考えるのです。このような考えはまちがっています。このようになると、客観的な偶然はない、すなわち科学的にいうならば、偶然というものはないということになり、偶然は主観的な概念にすぎなくなります。だから、われわれが科学的に正確な言葉を使う場合には、偶然というような言葉を使ってはいけないということになります。そうなると、何月何日何時何分に、梅田駅のプラットホームの中で、ひょいと横を向いたら、郷里の幼稚園のころの友達にばったり会ったというような場合でも、私はそこで幼稚園の友達に必然的に会ったといわなければなりません。このようなことは、おかしいということはすぐわかると思います。

このように、偶然を必然に解消するということは、実際は反対に、あらゆる必然を偶然に解消することを意味するのです。というのは、私が何月何日何時何分の何秒に、体の一カ所を虫に刺されたという必然性と、天体の運動法則であるとか、資本主義の発展法則といっしょにされたらどうなるでしょう。これらがみな同じ必然だといわれたら、とんでもないことになります。

偶然とは外的必然である

では、偶然が客観的に存在していることを正しく説明してみようと思います。この場合、すでにいいました機械的な必然性と有機体に固有な必然性の区別が重要な意味を持っています。われわれが偶然と区別して（切りはなしてではない）必然性という場合、この必然性は一つの有機体の内的な発展法則なのです。それは、それぞれの有機体に固有な、有機的全体を通じて支配している内的必然性です。ところが、たとえば資本主義の運動法則というものが、自分自身を貫徹している場合に、それ以外の必然性がどんどん関係してきます。幕末の日本には、資本主義が発展し、商品経済が発展し、近代的な統一国家に対する要求が必然的に生じてきます。これは歴史的な必然であり、内的な必然なわけです。ところが、一八五三年に、浦賀にペリーが黒船でやってきたというようなことは、徳川幕末から資本主義にいたる日本の内的発展の必然性にその根拠を持っていません。黒船来航はどこに必然性を持っているのでしょう。アメリカにおいて、南北戦争がおこなわれたのと前後して、資本主義が発展してきています。そして、アメリカはこの発展とともに海外市場に関心を持つようになり、そこで黒船をアジアに向けて派遣したのです。そしてペリーは、偶然日本に到達したのであって、とくに日本に向けてきたわけではありません。このように、黒船派遣はアメリカの資本主義の内的発展のうちにその根拠を持っているのであって、日本のうちには根拠がないということがおわかりと思います。黒船が日本にやってきた時、日本の側にとってはまったくの偶然だったので、びっくりして、天から降ってわいたように思ったわけです。したがって、一定の内的必然性のうちに根拠を持たないで、他の内的必然性のうちに根拠を持つものが交叉した場合に、偶然が発生するのです。たとえば、ウリはその内的な必然性にもとづいて双葉から花へと発展します。ところが、その年、たまたま非常な日照りであったというようなことは、ウリの内的必然性のうちに根拠を持っていないで、その地方の気象的な条件のうちにその根拠を持っています。この場合、日照りが多くて、水分が足りなかったということは、ウリにとっては偶然です。

ところが、必然性をさきほどいったような機械的必然性として理解している場合には、偶然性は理解できません。機械的必然性においては、一定の必然性のうちにその根拠を持たず、他の外的必然性にその根拠を持つのですから、これと区別される偶然性はまったく根拠を持たない非合理になってしまうのです。しかし、内的な有機的な必然性を問題にしている場合には、偶然性はこの内的必然性には根拠を持っていないが、しかし、他の必然性にその根拠を持っているので、非合理なものではないことになります。

必然性は偶然性をつうじて実現する

ところで、この世界の動き、歴史というものは、すべてみな人間の行動によってつくられているということをいっそうよく考えてみますと、その人間が持っているいろいろな必然性——性質とか才能とかいうもの——はどのようにして生まれてくるのかには、かならず生理的な原因があります。いろいろな出来事は、いろいろな気性、才能、体力を持った人間によって構成されます。

たとえば、幕末から明治維新に向かっての日本の歴史の発展法則、内的な必然性というものは、いろいろな生理的遺伝を持つ、さまざまな顔をした人間によって、自分自身を貫徹したのです。したがって、この意味でいえば、必然性は偶然性をつうじて自分を実現しているのです。

いっそう具体的にいいますと、次のことがいえます。明治維新において大きな革命的役割を演じたのは、だいたいのところ薩長です。しかも、その下級武士です。この下級武士の中から西郷隆盛とか大久保利通とか桂小五郎、伊藤博文、高杉晋作が出てきたのです。封建的制度が発展し、矛盾が激化してくるにつれ、下級武士の批判力が増大してきました。とくに、長州とか薩摩とかの資本主義の発展を受け入れられやすい外様の地方において、封建的な幕府に反対する勢力が出てきたのです。このような状態のもとでは、薩摩藩や長州藩の下級武士の中から、あのような革命的な人間が出てくるのは必然性なのです。しかし、このような人間が大久保利通であったということは偶然なのです。というのは、大久保利通の才能というのは、幕末から明治維新にいたる日本の資本主義の発展のうちに根拠を持っているのではなくて、両親の生理的な遺伝なのだからです。ところで、大久保利通や西郷隆盛のような人間が出てきたのは必然的だといえます。しかし、だからといって、西郷隆盛や大久保利通がいなければ明治維新は実現されなかっただろうというのはまちがいです。というのは、彼らと同じように行動した人間がたくさん出ているからです。だから、西郷のような人間がたくさん出てくるのは必然だけれども、それが大久保である、西郷であるというのは偶然なのです。大久保や西郷の才能は両親の生理的遺伝に根拠を持っているからです。

歴史における個人（個性）の役割

しかし、人間というものは個性によってすべてが決まってくるというのは全然まちがっています。もしも、大久保利通が薩摩藩の下級武士ではなく、会津藩に生まれていれば、実際にとったのとは全然逆の行動をとっていると思います。彼が貴族の家に生まれていれば、なるほど能力は発揮しただろうけれども、彼の行動の具体的内容は、全然ちがったものになるはずです。だから、人間の行動を決定するものは社会関係であって、彼の生まれつきの個性が決めるのではないのです。しかも、才能ある人間が、どんな場合にも重要な役割を演じるというようなことはありません。もしも、大久保利通が東北の藩に生まれていれば、彼の才能は発揮されなかったでしょう。あるいは彼が薩摩藩の農民の家に生まれていれば、彼の才能は発揮されていなかったでしょう。したがって、その人間が、どのように能力を発揮するかということは社会関係によって決定されるわけです。その時代が、ある階層のうちに、その時代の必然性にかなった人間を要求する場合には、つまらない人間でも非常に重要な役割を演じることがあります。まして有能であれば、いっそう大きな影響を演じます。しかし、逆に、非常に有能な人間であっても、それを要求する時代の必然性が根底にない場合には、役割を演じることはできません。

天才というものは、条件があれば、実にたくさん出るものです。たとえば、ギリシャのアテネの時代には、哲学者とか、悲劇作家とか、とてもたくさんの天才が生まれました。このアテネの町はたいへん小さな町なのに、短い間にたくさんの天才が出ています。また、ルネッサンス期のイタリアで、ダビンチとかミケランジェロなどの多くの天才を生みだしたのは、人口一〇万〜二〇万くらいのフロレンスという都市です。それも非常に短い期間にたくさんの天才を生みだしています。ところが、中世という時代はとても長く続いているのに、ほとんど天才を出していません。それから、薩摩藩や長州藩の下級武士からは、明治維新の時、非常に才能のある人がたくさん生みだされました。それは、彼らがみな賢かったからかといえばそうではなく、条件さえあれば才能のある人が出てくるのです。ナポレオンのもとには多数の名将が出てきました。ナポレオンの軍隊は、フランスで最も革命的であった軍隊です。ジャコバン派が非常に強い力を持っていた市民の間から、たくさんの有名な名将が出ています。ところが、その名将のもとを洗ってみると、俳優とか、フェンシングの教師とか、法律のいわゆる三百代言であるとか、八百屋をやっている者とか、その他さまざまな人間なのです。ところが、条件があればそこから非常にたくさんの天才が生まれるのです。

だから、一定の条件がある場合、個人は歴史の一定の発展の方向というものを変えるわけにはいかないけれども、しかし、それがどのように具体的な過程をへて、どれだけ急速に実現されるかという面で役割を演じうるのです。その役割を演じる人間がある特定の個人であることは偶然ですが、この偶然と時代の必然性が合致した場合に、その人間は大きな役割を演じるのです。だから、歴史における個人は、非常に大きな役割を演じうるし、演じる限りにおいては、その行動が無意味であると感じることはありえません。そのように考えるならば、個人が行動するに際して宿命論に陥るはずがありません。

解説

山本晴義

この夏、新泉社の編集部から、一九七二年に刊行された故森信成さんの『唯物論哲学入門』を復刊したい、ついては初版で私が書いた「解説」を、現在の地平から新たに書き直してほしい、という依頼があった。いささか逡巡した。ソ連や社会主義体制の崩壊を挟んでいる以上、「戦後思想史」を書くというのであればともかく、本書の「解説」を簡潔に書き直すというのは、生やさしいことではない。そもそも森さんは私より一一歳年長であるが、森さんと私の関係が近すぎるのである。私自身の思想的立場の新展開については、不十分ではあるが、一九八〇年代から現在にかけて、自己検証の書『現代思想の稜線』（一九九四年、勁草書房）や『対話・現代アメリカの社会思想』（二〇〇三年、ミネルヴァ書房）を書いているので、参照していただくことを希望しておくにとどめ、以下、いまでは知る人も少なくなった森信成さんをできるだけ客観的に紹介することを主眼に、本書の解説をしたいと思う。

一

森信成さんは、一九七一年五月から六月にかけて、「大阪労働講座」で四回にわたって「哲学」について講義された。そして気迫に満ちた講義をおこなったわずかあとの七月二五日の朝に、五七歳の若さで亡くなったのである。この本は、森さんの死後、その時の録音テープをもとに文章化し、編集したものである。

先日、やはり若くして亡くなった、すぐれた漫画家、青木雄二さん（二〇〇三年九月逝去）が、全国の地方紙に配信された共同通信の記事で「心に残る一冊」と題して、本書を強く推薦された。現在の日本の大衆の中に蔓延している「無力感」を克服し、はっきりした「世界観を得たい人」にとって、三〇年前に出た森さんのこの『唯物論哲学入門』は「最良の一冊である」と書いておられるのを読んで、私は驚いたが、また共感もした。

この本がすぐれているのは、疎外論を駆使していることだろう。宗教的疎外（非合理的な奇跡や信仰）とそれからの解放（理性的な科学と道徳）、政治的疎外（国家による社会の共同的利害の吸収）とそれからの解放（人類の平等、民主主義）、それに疎外のいちばんの基礎である経済的疎外（資本・生産手段の私的所有）とそれからの解放（生産手段の社会的共有）というように、それこそ私たちの生活の根本にかかわる人間観、世界観の問題が、疎外論を軸にしてわかりやすく説かれているのである。

二

森さんは、一九一四年（大正三年）、大阪市の福島の町家の次男として生まれた。三一年、旧制大阪府立北野中学を卒業後、旧制高知高等学校に進み、三五年、京都大学法学部に入学した。ここで小野義彦、奈良本辰也、野間宏、村上尚治、永島孝雄などの諸氏と知り合った。翌年、文学部哲学科に転入し、学友会代議員になる。下宿をともにしていた小野さんの証言（「森信成の死とその生涯」、大阪唯物論研究会編『知識と労働』第三号、一九七一年一二月）によれば、この学友会の民主化のための運動の成功と発展が、三六年ごろ世界的に高揚していた反ファッショ人民戦線運動の波と相俟って、森さんの後の思想運動の姿勢の基礎を形づくった。日中戦争が開始される直前の一九三七年五月二六日に京都朝日会館でおこなわれた京大事件三周年記念の「京都学生祭」は大成功だった。森さんは、そこでの末川博博士の反ファッショ講演に、熱狂し、「人民戦線万歳」を両手をあげて絶叫し、四条河原町までデモをしたという。

この間、森さんはまた、先輩梯明秀さんを中心に、同氏の家でおこなわれていた「哲学研究会」に熱心に参加した。森さんが唯物論者になる転機になったのは、この研究会においてであった。

一九三九年、森さんは卒業論文に指導教官であった田辺元教授の哲学の批判、「田辺哲学批判」を書いたがパスせず、結局同じテーマの卒論を三度書いて、四一年に卒業した。

三

森さんが学生のころ熱中して読んだ本は、当時ソ連邦で刊行された教程本、広島定吉氏らによって邦訳されていたミーチン監修『弁証法的唯物論』（一九三四年）、ミーチン、ラズゥモフスキー監修『史的唯物論』（一九三四年）、シロコフ、アイゼンベルグほか『「弁証法的唯物論」教程』（一九三一年）などであった。

一九二〇年代、ソ連では学問や芸術の世界でも活発な論争がおこなわれていた。哲学の領域でもブハーリンとサラビヤノフとの論争、機械論者グループ（ティミリャーゼフ、アクセルロードなど）とデボーリン派（ルッポル、リャザノフなど）との論争、デボーリン派と「西欧マルクス主義」（ルカーチ、コルシュなど）との論争、そしてデボーリン派とミーチン派（ユージン、アドラッキーなど）の論争などである。

だが三〇年代になるや、共産党内の反対派を粉砕し、ほとんど無限の権力を握ったスターリンは、哲学界に対しても政治主義的な介入をおこない、「一枚岩のような団結」をもった前衛党を要求し、革命を阻害する最大の要因を社会民主主義＝「社会ファシズム」に見いだした。ミーチン派はスターリンに追随し、真理の基準を党の決定に求め、機械論者グループ、デボーリン派や「西欧マルクス主義」をすべて「反マルクス主義的、反レーニン主義的なメンシェビーキ的傾向の観念論」だと断罪した。

言うまでもなくこのような主張は、一九三五年のコミンテルン（共産主義インターナショナル）第七回大会で決定した「反ファシズム統一戦線、人民戦線」の方針と矛盾するものであったし、森さんが熱狂したあの学友会活動の体験と対立するものであった。このころから森さんは終生、ヘーゲルとフォイエルバッハを読み、「ロシア・マルクス主義の父」プレハーノフを重視し、またロシアの民主主義者チェルヌイシェフスキー、ドブロリューボフ、ベリンスキーから吸収したが、やはり当時の国際的な風潮にしたがって、「マルクス・レーニン主義の哲学」「ソヴェト・マルクス主義の哲学」＝ミーチン派の哲学につき、その負の影響は戦後においても存続した。森さんの哲学に教条主義的な傾斜があるのはそのためである。

「ソヴェト・マルクス主義」の特徴は、晩年のエンゲルスの哲学からレーニンの『唯物論と経験批判論』（一九〇九年）の系譜にしたがって、「すべての哲学の最高の問題」を、いきなり超歴史的、教条的に「精神と自然とどちらが根源的か」、「思考は存在をただしく反映することができるか否か」と問い、観念論か唯物論かに分裂させる考え方であった。

四

戦後、森さんは一九四八年五月に大阪商科大学（大阪市立大学の前身）の専任講師に就任したが、以後、教授で亡くなるまで、唯物論哲学を説いた。戦後思想の激動の中で、森さんの思想運動の基盤は「民主主義科学者協会（民科）大阪支部」（一九四七―五五年）、「大阪唯物論研究会」（一九五七―七四年）、「日本唯物論研究会」（一九五九―六五年）であった。

一九四三年、コミンテルンが解散され、戦後の四七年にはコミンフォルム（共産党・労働者党情報局）が設立されたが、そこでは「スターリン主義」がむしろ強化された。わが国でも、ソ連共産党と同型の、分派も潮流も許さない、中央集権主義にもとづく前衛党がもとめられた。大衆の自発性、創造性、積極性への信頼をもたず、多様な大衆団体の自主性や独自の役割が認められず（＝伝導ベルト理論）、むしろ分派の禁止や統制が大衆団体をも風靡するようになった。

森さんは、日本の対米従属のみを強調する日本共産党の民族主義的偏向に反対した。そして日本独占資本の再建と自立に対して、反独占の広範な民主主義闘争、民主的民族的統一戦線の結成と社会主義への移行、つまり「構造改革論」を主張した。

五

一九四七年、民主的な科学者の統一戦線の場として民科・大阪支部が設立された。四九年中ごろには、専門・非専門の会員数一三〇〇人近くに達し、哲学、政治、経済、科学・技術など一〇近い部会ができた。しかし五〇年の日本の共産主義へのコミンフォルムの批判（スターリンによる）とそれをきっかけとした日本共産党の大分裂を転機に、党の利害や内紛が大衆団体に直接持ち込まれ、研究会でのまともな理論論争は不可能になり、研究会は機能麻痺に陥った。東京の民科中央は五六年に解散した。

しかし、大衆団体引き回し主義に憤慨して、大衆団体の独自性を主張した森さんは、小松摂郎さんを中心に、船山信一、清水正徳、鈴木亨、元浜清海の諸氏や私とともに、哲学部会を継続した。ふたたび活発な討論が復活し、会員も拡大した。民科大阪支部哲学部会は五九年まで続いた。

一九五六年のソ連共産党第二〇回大会におけるフルシチョフのスターリン批判は、森さんや私にとって大きな衝撃であった。しかし「ソ連派」であった私たちは、いまだソ連社会主義体制の驚くべき国権主義や官僚主義を把握することができなかった。せいぜいスターリン個人に責任を帰することはできまいと考える程度であった。

六

翌一九五七年、森さんを中心に、横田三郎さん、小野さん、そして私とで、大阪唯物論研究会を結成した。そして私たちは、その規約のはじめに、次の文章をかかげた。

「(1)唯物論の立場は、科学と基本的人権の立場であり、その徹底である。唯研はそれゆえに、科学と基本的人権を尊重し、無条件に擁護しようとする万人に開放され、その権利は確保されなければならない。(2)言論の自由は、基本的人権の基本的条項に属する。それは、言論による批判以外の、いかなる手段によってもおさえられてはならない」。

七

一九五九年六月、全国各地（東京、松山、札幌、名古屋、下関、のちには水戸、静岡）の「唯物論研究会」（名古屋は「現代哲学研究会」）の盛り上がりの中で、日本唯物論研究会が設立された。この結成にあたって、森さんの果たした役割はめざましいものであった。まず、東京唯研が主張した全国単一組織に反対して、森さんは強硬に、各地唯研の特殊性に応じた連合体組織を主張した。また、六〇年に創刊された機関誌『唯物論研究』（青木書店）の「創刊のことば」案において、東京唯研がいきなりもちだした「党派性の承認」という規定に対して断固反対した（「日本唯物論研究会の「創刊のことば」をめぐる論争」、神戸大学総合雑誌『展望』第四号、一九六一年、参照。森信成『毛沢東「矛盾論」「実践論」批判』一九六五年、刀江書院に所収）。

森さんが連合体形式に固執したのは、もちろん、あの民科時代の中央集権主義、モノリシズム

（一枚岩主義）の苦い経験があったからであり、「党派性の承認」に反対したのは、その名の下に言論の自由の抑圧、スターリンの「伝導ベルト」化の危険があったからである。結局、日本唯研は連合体組織となり、「創刊のことば」は、日本唯研の委員長、出隆氏の「創刊にあたって」という短い文章にかえられることになった。

もっとも、森さんや大阪唯研がとったこのような態度は、その後、六〇年末以降、国際的に明らかになった世界の社会主義運動の新しい地平への転換をめざしてのものではなかった。つまり、コミンテルン以来、「旧左翼」がひきずっていた「唯一前衛党主義」から「複数党派のネットワーク」への転換をめざしたわけではなかった。また、もっぱら国家権力の奪取をめざす「旧左翼」の「政治革命」に対して、「社会」のさまざまな領域における「社会革命」の重要性の視点に立ったものでもなかった。

だから六〇年代にはいって、中ソ論争が先鋭化していくや、日本唯研は、中国共産党やソ連共産党に対する権威主義的追従や事大主義に陥り、次第に、理論上での対立者を、政治的に断罪するようなスターリン主義が蔓延した。六五年一二月、機関誌『唯物論研究』は二三号で廃刊に追いこまれ、日本唯研は実質上崩壊した。ソ連支持であった森さんも、大阪唯研も、根本的にはスターリン主義的体質が清算されていなかった。

しかし、日本唯研は連合体組織であったため、大阪唯研は存続した。新しく、小野さんを中心に、機関誌『知識と労働』が一九七〇年から七五年まで刊行された。そしてその第三号（一九七二年一二月）は森さんの追悼号となった。

八

大阪唯物論研究会結成以来、森さんは小野さんらとともに、学生や労働者の啓蒙活動に精力的にのりだした。また、学生たちが関西の各大学に「学生唯物論研究会」をつくるのに、献身的に協力した。六三年には「民主主義学生同盟」が結成されたが、その実現に大きな思想的影響を与えた。

森さんのマンションには、年中、学生や労働者が出入りし、また、森さん自身も電話で呼び出しては、次から次へと喫茶店を渡り歩いた（森さんは酒がのめなかった）。大声で議論しながら、町から町へと歩いた。ほとんど私生活を犠牲にして、多くのすぐれた研究者や活動家を育てた。

もともと天衣無縫の人であり、無類のお人好しで、日常生活における八方破れの行動や、かけあい漫才的な会話は、終生変わることがなかった。激しい論争を挑んだ人であったが、相手が権威主義者でないかぎり、おたがいに憎しみあうということはなかった。

九

まえにも記したように、森さんの哲学には「マルクス・レーニン主義の哲学」「ソヴェト・マルクス主義の哲学」の教条主義的な傾向が存在した。だから森さんは、どこでも権威主義、官僚主義や中央集権主義を攻撃して、民主主義、思想・言論の自由を擁護したのであったが、つねにセクト主義、客観主義だと非難されることになった。

国際的に見ても、マルクス主義が「ソヴェト・マルクス主義」の限界を脱却して、それまで無視されていた「初期マルクス」の研究がおこなわれ、初期マルクスをふくむマルクスの全体像が明らかになってくるのは、やっと六〇年代に入ってからであった。森さんが、著書『マルクス主義と自由』（一九六八年、合同出版）の「あとがき」で述べているように、わが国でも、マルクスの『経済学・哲学草稿』（一八四四年執筆）の翻訳が、三種類も次々出版され、マルクスの豊かな人間観と人間疎外の理論、人間解放の思想が明らかになったのである。六五年には廣松渉さんが、アドラツキー版『ドイツ・イデオロギー』の編輯にさいしての偽造を指摘し（「『ドイツ・イデオロギー』編輯の問題点」『唯物論研究』第二一号）、翌年、花崎皋平さんがバガトゥーリア版の訳を出した（『新版ドイツ・イデオロギー』合同出版）。当初から、森さんが主張していた、マルクス主義にとってのフォイエルバッハの意義と重要性についても、ひろく理解されるようになった。まさに「マルクス・ルネッサンス」の時代であった。

冒頭で述べたように、この本に人々が人間的な共感をもち、人々がこの本から正しく生きていくための確信を得るのは、このような「マルクス・ルネッサンス」の時期に、また世界の社会主義運動の地平が、スターリン主義から大きく転換していく中で、懸命に思索し、学生や大衆とともに闘っていこうとする森さんの〝純粋さ〟のゆえにほかならないと思う。

おわりに、森さんの録音テープを文章化するにあたって、佐野米子さん、木村倫幸さん、田原利継さんの苦労があったこと、さらに原稿をこのような形にまで編集するにあたっては鷲田小弥太さん、田畑稔さんの努力があったことを記しておきたい。

なお本書の復刊にあたって、快くご承諾いただいた著作権者、森さんの長女間野嘉津子さん、またいろいろとご盡力にあずかった田畑稔さん、新泉社の石垣雅設社長、同社編集部の安喜健人さんに厚く御礼申し上げる。

二〇〇三年一二月二〇日

若き日の森信成　1936年　京大文学部学生（於 京都北白川）
中央　森，左　小野義彦，右　奈良本辰也
大阪唯物論研究会編『知識と労働』第３号（1971年12月）より転載

森信成略年譜

一九一四年
六月二四日　父森長三郎、母つねの次男として大阪市に生まれる。
一九二一年　七歳
四月　大阪第一西野田小学校に入学。
一九二七年　一三歳
三月　大阪第一西野田小学校を卒業。
四月　大阪府立北野中学校に入学。
一九三一年　一七歳
三月　大阪府立北野中学校を卒業。
四月　高知高等学校文科甲類に入学。
一九三五年　二一歳
三月　高知高等学校を卒業。
四月　京都大学法学部に入学。この年に文学部史学科奈良本辰也、小野義彦、哲学科村上尚治、永島孝雄、仏文科野間宏らと知り合う。小野と下宿をともにする。
一九三六年　二二歳
四月　京都大学文学部哲学科哲学専攻（主任教授田辺元）に転入。同年、京大学友会代議員選挙に当選、増

山太助、佐々木時雄らとともに「改革派」代議員として活動。

一九三七年　二三歳
六月　雑誌『学生評論』創刊を支持。この年から翌年にかけ梯明秀氏宅での「哲学研究会」に熱心に参加。
五月二六日　京大事件三周年記念日に京都朝日会館でおこなわれた京都学生祭に参加、末川博氏の反ファッショ演説に感激。

一九三八年　二四歳
一月　「共産主義者団」結成、機関誌『民衆の声』を編む。

一九三九年　二五歳
三月　田辺哲学批判の卒業論文パスせず。

一九四〇年　二六歳
三月　卒業論文再度パスせず。

一九四一年　二七歳
三月　ようやく京都大学文学部哲学科を卒業。論文はやはり田辺哲学批判。
一〇月　大阪市立第七商業学校教員となる。

一九四三年　二九歳
二月頃　共産主義者団関係の追及をうけ、特高警察に検挙され、二、三カ月後、執行猶予で釈放。
三月　右検挙のため、大阪市立第七商業学校退職。

一九四四年　三〇歳
五月　大阪商工会議所調査書記となる。同月、上阪静子と結婚する。

一〇月　大阪商工会議所を退職。
一一月　尼崎化学工業所（骨炭製造）の経営にたずさわる。

一九四五年　三一歳
一〇月　尼崎化学工業所を退職。

一九四六年　三二歳
五月　神戸民主政治学校講師嘱託となる。

一九四七年　三三歳
三月　大阪商科大学高商部講師（非常勤）となる。

一九四八年　三四歳
五月　大阪商科大学高商部専任講師となる。
一一月　「書評　ハイネ作　くりはら・ゆう訳『ドイツ宗教・哲学史考』」（『経済学雑誌』第二一巻第六号　大阪市立大学経済学会）。

一九四九年　三五歳
四月　「現代歴史哲学の論理」（『経済学雑誌』第二三巻第四、五、六号）。
八月　「弁証法的唯物論と史的唯物論についての一考察」（『唯物論研究』第六号　伊藤書店）。

一九五〇年　三六歳
一月　「唯物論はいかに歪められたか」（『唯物論研究』第七号）、「最近における唯物論の実存主義的修正について」（民科『理論』一、二、三、四月号）。
三月　大阪市立大学法文学部講師となる。

六月「価値論における唯物論と実存主義」(『経済学雑誌』第二三巻第二号)。

一九五一年　三七歳

四月「いわゆる『原始マルクス主義』について――K・レヴィット『ウェーバーとマルクス』評」(『経済学雑誌』第二四巻第四号)。

六月「唯物論と実存主義」(『社会科学文献解説』七　日本評論社)。

一〇月「フォイエルバッハの宗教論」(『新宗教論大系』第二集　五月書房)。

一九五二年　三八歳

六月「唯物論か観念論か――田口憲一『西田哲学・どう対決すべきか』について」(『経済学雑誌』第二六巻第四、五号)。

一九五三年　三九歳

三月「戦後日本の哲学的修正主義」(『思想』三、五月号　岩波書店)。

一九五四年　四〇歳

五月「現代唯物論について――F・A・ランゲのフォイエルバッハ解釈の批判への序」(『人文研究』第五巻第五号　大阪市立大学文学会)。

この年『哲学小辞典』(創元社)に約一五項目を書く。

一九五五年　四一歳

一月　大阪市立大学文学部助教授となる。このころから大阪民科哲学部会とは別に山本晴義らとともに唯物論の研究会を始める。

この年『経済学小辞典』(岩波書店)に「唯物論」「観念論」「土台と上部構造」を書く。

一九五六年　四二歳
五月「日本唯物論にたいする一つの批判的省察（戦後篇）」（『人文研究』第七巻第五号）。
一九五七年　四三歳
二月「歴史科学と唯物論——石母田正氏の自己批判によせて、唯物論倫理学の確立のために」（『経済学雑誌』第三六巻第二号）。
四月「歴史科学と唯物論——石母田正『歴史と民族の発見』について」（『人文研究』第八巻第四号）。
五月「実証主義と唯物論——石母田氏の自己批判によせて、唯物論についての混乱した理解をとりのぞくために」（『人文研究』第八巻第五号）。
一一月　大阪唯物論研究会（思想部会、教育部会、のちに政経部会）を森、山本晴義、横田三郎、小野義彦らが中心となって結成。
一九五八年　四四歳
七月「戦後反動思想と修正主義」（『前衛』七、八月号　研究と討論欄）。この論文に対する当時の日本共産党文化部長蔵原惟人の批判論文「思想闘争における教条主義と修正主義」への反批判を『前衛』に投稿するも、『前衛』編集者は森論文を「ゆくへ不明」にする。
九月「フォイエルバッハと俗流唯物論——肉体と精神の二元論に抗して」（『現代思想』第二号　表現社）、『史的唯物論の根本問題——戦後日本の思想対立』（青木書店刊）。
一〇月「唯物論と観念論についてのエンゲルスの命題の意味するもの」（『人文研究』第九巻第九号）。
一九五九年　四五歳
四月「理論と実践——宇野理論について」（『経済評論』四、六月号　経済評論社）。

六月八日　日本唯物論研究会が東京唯研、現代哲学研究会（名古屋）、大阪唯研、松山唯研、札幌唯研、下関唯研（のちに水戸唯研、静岡唯研）の連絡機関として発足。森はこの結成を中心的に推進する。

一九六〇年　四六歳

四月　季刊『唯物論研究』創刊（六六年、第二三号で休刊）。

五月　「人間・歴史・世界」（『哲学』第一〇号　日本哲学会）、日本哲学会シンポジウム「人間・歴史・世界」に報告（大阪大学で）。

六月　「批判にこたえる——形而上学の理解をめぐって」（『人文研究』第一一巻第五号）。

一九六一年　四七歳

五月　「マルクス主義人間観の前提」（『唯物論研究』第五号　青木書店）、「フォイエルバッハについて・第一テーゼ——戦前唯物論の回顧と批判」（講座『現代のイデオロギー』第一巻　三一書房）。

九月　「近代主義的自由主義と民主主義」（『唯物論研究』第七号）。

一二月　「思想上の平和共存と集団的認識」（『唯物論研究』第八号）。

一九六二年　四八歳

三月　「組織と民主主義」（『唯物論研究』第九号）。

九月　「グラムシ思想の評価をめぐって」（『唯物論研究』第一一号）。

一二月　『マルクス主義と自由』（学術出版社刊）。

一九六三年　四九歳

九月　「ベイビイ・マルクシズムへの訓戒」（『新日本文学』九月号　新日本文学会）。

一二月　「毛沢東『実践論』『矛盾論』批判」（『唯物論研究』第一六号）、改訂版『経済学小辞典』（岩波書店）

に「イデオロギー」を書く。

一九六四年　五〇歳

四月　「二つの毛沢東解釈」（『唯物論研究』第一七号）。

一〇月　「疎外と民主主義の概念」（『唯物論研究』第一九号）。

一二月　翌年の一月にかけて、ソ連邦科学アカデミーの招待により大井正らと訪ソ。

一九六五年　五一歳

一月　「中ソ論争の哲学的背景——周揚論文について」（『人文研究』第一六巻第一号）。

二月　「周揚『哲学・社会科学工作者の戦闘的任務』批判」（『唯物論研究』第二〇号——『人文研究』第一六巻第一号より転載）。

五月　「毛沢東『実践論』をめぐる批判・反批判」（『唯物論研究』第二一号）。

七月　『毛沢東「矛盾論」「実践論」批判』（刀江書院刊）。

九月　「戦後日本の唯物論について——ソ連科学アカデミー哲学研究所における報告」（『唯物論研究』第二二号）。

一二月　「人間に関する理論的諸問題」（大阪学生唯研編『唯物論』創刊号、一九六九年一〇月に掲載）。

一九六六年　五二歳

四月　大阪市立大学文学部教授となる。「唯物論と倫理」（『新日本文学』四、五月号）。

一九六七年　五三歳

一月　「対立物の統一と闘争について——毛沢東『矛盾論』再論」（『人文研究』第一九巻第一号——『新世界ノート』一二月号に再録）。

一九六八年　五四歳

四月　増補版『マルクス主義と自由』（合同出版刊）。

八月　「人間学的唯物論（主体的唯物論）について――戦前唯物論の回顧・船山信一教授の『人間的実践論』をめぐって」（『人文研究』第二〇巻第三号）。

一九六九年　五五歳

六月　市立大学紛争激化の下で全共闘学生に約一週間軟禁されるも意に介さず、封鎖学生に感化を及ぼす。なお、文学部において、五八～六〇年、六二～六三年、六八～六九年、三度にわたって学生部委員として学生の面倒をみる。

一九七〇年　五六歳

七月　雑誌『知識と労働』の創刊を同人とともに決定、同年一二月創刊。

一二月　「哲学の根本問題について――東ドイツの哲学論争によせて」（大阪唯研編『知識と労働』創刊号）。

一九七一年　五七歳

五月　「哲学の根本問題について――世界の物質性」（『知識と労働』第二号）、「日共代々木派の哲学とルカーチ・コージングの哲学」（『知識と労働』第二号）。

七月一〇日　肋間神経痛と胃潰瘍の疑いで京都済生会病院に入院。

七月二三日　阪大病院第三内科へ移る。

七月二五日　午前六時五分「心不全」により死去。

一二月　遺稿「哲学の根本問題について」（『知識と労働』第三号）掲載。

一九七二年

五月　『唯物論哲学入門』（新泉社刊）。

一九七三年

一二月　『現代唯物論の基本課題』（新泉社刊）。

一九七九年

四月　新装版『現代唯物論の基本課題』（新泉社刊）。

九月　『史的唯物論の根本問題——戦後日本の思想対立』復刊（新泉社刊）。

心に残る一冊

青木雄二

人々はみな、それぞれ何らかの世界観を持っていると思います。

その世界観は、義務教育、マスコミ、他人との討論等を通じて、無意識的あるいは自然成長的に形成されていきます。不況で一家心中のニュースを聞いても「気の毒だが身内でなく良かった」とか「正直者がバカを見る」とか「長い物には巻かれろ」など、感想は一様ではないでしょう。ですが、この世は自分の思い通りにならないと考える無力感は、やがて「社会に法則はなく、偶然の積み重ねが人間の歴史なのだ」という考えにつながりやすいのです。

この無力感は一体どうして発生し、それは未来永劫に続くのか、変革することは可能か――といった命題を分かりやすく説明してくれる一冊として森信成氏の『唯物論哲学入門』を挙げたいと思います。

世界観についての最も根源的な問題は「物質」と「精神」の関係です。この二つの言葉を聞いただけで「むつかしそうだなー」と構えるのが多数の国民の本音でしょう。本書はそのことをきちんと踏まえ、最初の部分にこう書かれています。

「原始人は（中略）夢の中でいろいろな人間に会ったり、あるいは、あちこちに遊びに行ったりするのは、霊魂のせいであると考えた」。つまり「肉体が亡べばすべてが無になる」という考えと「肉体が亡んでも霊魂は永遠に生き続ける」という考えに、人類の歴史は分かれたが、多数の人々は後者を支持した。だから今なお寺も神社も存続しているのだ――と展開してゆきます。人々が不運に見舞われた時に、無力感にとらわれてしまうのは、「社会に法則性がある」という考え方を義務教育で教えられなかった以上、当然です。著者も「日本では、（中略）宗教的なものが哲学の本質のように考えられ（中略）本当の意味における哲学の源泉がわかっておらず、科学的見地が非常に弱い」と指摘しています。そして、解説は近世哲学史へと進みます。

「ひとつ、哲学を独学で勉強してやろう」と思われる方には最良の一冊だと思われます。

（二〇〇三年五月、共同通信配信記事）

＊　本書は二〇〇四年二月に刊行した改訂新版をもとに、新たに故青木雄二氏による本書の紹介記事「心に残る一冊」（二〇〇三年五月、共同通信配信）を加えて再刊しました。

新泉社編集部

著者紹介

森　信成（もり・のぶしげ）

1914 年, 大阪市生まれ.
1935 年, 京都大学法学部に入学. 翌年, 文学部哲学科に転入. いわゆる人民戦線時代の学生運動に参加. 1941 年, 同哲学科卒業.
戦後は大阪唯物論研究会（1957 年結成）および日本唯物論研究会（1959 年結成）の指導的メンバーとして活躍. 大阪市立大学文学部教授.
1971 年, 57 歳で死去.
著書に,『史的唯物論の根本問題――戦後日本の思想対立』（1958 年, 青木書店, 復刊 1979 年, 新泉社),『マルクス主義と自由』（1962 年, 学術出版社, 増補版 1968 年, 合同出版),『毛沢東「矛盾論」「実践論」批判』（1965 年, 刀江書院),『現代唯物論の基本課題』（1973 年, 新泉社).

改訂新装版 唯物論哲学入門

1972 年 5 月 16 日　初版第 1 刷発行
2004 年 2 月 25 日　改訂新版第 1 刷発行
2019 年 6 月 30 日　改訂新装版第 1 刷発行

著　者＝森　信成（著作権者　間野嘉津子）
発行所＝株式会社 新 泉 社
東京都文京区本郷 2－5－12
振替・00170 - 4 - 160936番　TEL 03(3815)1662　FAX 03(3815)1422
本文制作　時潮社／印刷・製本　萩原印刷

ISBN978-4-7877-1900-3　C1010

森 信成 著

史的唯物論の根本問題
——戦後日本の思想対立

Ａ５判函入・336頁・定価2300円＋税

戦後日本に支配的な反動思想と修正主義の形態と系譜を明らかにし，それとの闘争を怠ってきた日本のマルクス主義の逸脱と混乱に対する反省として，批判のための理論的諸原則を確立した著者の初期論文集．マルクス主義の退廃が進展しつつある情況に警鐘を鳴らした書である．

田畑 稔 著

マルクスとアソシエーション
——マルクス再読の試み［増補新版］

四六判上製・376頁・定価2700円＋税

「各人の自由な展開が万人の自由な展開の条件であるような一つの共同社会」＝「アソシエーション」にマルクスが込めた解放論的構想を精緻な原典再読作業から読み解き，彼の思想を未来社会へと再架橋する．マルクス像の根本的変革を提起し，大きな反響を得た名著に４章を増補．

セルジュ・ポーガム 著
川野英二，中條健志 訳

貧困の基本形態
——社会的紐帯の社会学

四六判上製・416頁・定価3500円＋税

社会的紐帯の喪失から再生へ——．〈不安定〉と〈排除〉に襲われ，ますます多くの人びとが貧困層への降格におそれを抱く社会．〈降格する貧困〉に陥る運命にある人びとの苦難を取り除くために．貧困・社会的排除研究で国際的に知られるフランスを代表する社会学者の主著．

権赫泰，車承棋 編
中野宣子 訳　中野敏男 解説

〈戦後〉の誕生
——戦後日本と「朝鮮」の境界

四六判上製・336頁・定価2500円＋税

〈戦後〉とは何か——？「平和と民主主義」という価値観を内向的に共有し，閉じられた言語空間で自明的に語られるこの言葉は，何を忘却した自己意識の上に成立しているのか．日韓の気鋭の研究者らが，捨象の体系としての「戦後思想」の形成過程を再検証し，鋭く問い直す．

木村倫幸 著

日本人と〈戦後〉
——書評論集・戦後思想をとらえ直す

四六判並製・350頁・定価2400円＋税

過酷な戦争体験を経て現れた〈戦後〉とは何だったのか．鶴見俊輔，上山春平，石堂清倫，司馬遼太郎らの思索を手がかりに，近代日本の歩みと戦後史，戦後思想を見つめ直す．「戦後レジームの解体」の只中にあって，日本社会と〈戦後〉を複眼的に問い返す気鋭の書評・思想論集．

木村倫幸 著

鶴見俊輔ノススメ
——プラグマティズムと民主主義

Ａ５判並製・136頁・定価1700円＋税

「戦後民主主義」を見つめ直す——．鶴見俊輔は，〈戦後〉の日本社会に対して，プラグマティズムの立場から積極的に発言を続けてきた思想家である．混沌とした 21 世紀に生きる私たちにとって，今なお多くの示唆に富む彼の思想を多方面から論じ，そのエッセンスを紹介する．